現代社会教育・生涯学習の諸相

第Ⅰ巻

◆ 歴史編 ◆

益川 浩一

大学教育出版

緒　　言

　本書『現代社会教育・生涯学習の諸相』（全３巻）は、これまでに発表して
きた論文、その中でも、査読付き学会誌に掲載された論文を中心に集約し
たものである。

　集約にあたっては、「歴史編」「現代編」「実践編」の３つの主題に即して、
各巻に収めた。重複その他の箇所については、若干の修正・加筆を行ったが、
できる限り原文を生かすことにした。なお、本第Ⅰ巻「歴史編」の初出は、
以下のとおりである。

第１章　戦後初期公民館研究の意義と課題・方法、日本公民館学会年報、３、
　　　　2006、76-87。
第２章　戦後社会教育改革期における地域社会教育の内容・方法に関する一
　　　　考察、中部教育学会紀要、２、2002、31-46。
第３章　戦後初期公民館の研究―愛知県を中心にして―、日本社会教育学会
　　　　紀要、37、2001、121-129。
第４章　戦後初期愛知県における公民館の設立・運営過程に関する研究、日
　　　　本教育学会　教育学研究、69（２）、2002、227-235。
第５章　戦後初期公民館の活動内容に関する一考察、日本公民館学会年報、
　　　　１、2004、59-73。
第６章　法人公民館の設立・運営に関する一考察、日本教育学会　教育学研
　　　　究、78（１）、2011、1-10。
第７章　青年学級創設の歴史的経緯と活動実態、日本学習社会学会年報、８、
　　　　2012、66-74。
第８章　戦後岐阜県における婦人組織の再編・発展と活動の模索、日本学習
　　　　社会学会年報、10、2014、108-114。

2

　2001年に岐阜大学に助教授として赴任して以来およそ十数年、地域・自治体の社会教育・生涯学習実践にできる限り関わり、実践に専念している関係職員と地域住民のみなさんに「伴走」「伴奏」（末本誠・小林文人）することを自らのライフワークとしてきたつもりである。本シリーズの基底は、そうした実践と職員・地域住民のみなさんとの「つながり」であることはいうまでもない。どうか、忌憚のないご批判、ご教導をいただきたい。

　最後に、本書を、大学・大学院を通じての恩師である新海英行先生（名古屋柳城短期大学学長・名古屋大学名誉教授）、牧野篤先生（東京大学大学院教育学研究科教授）に、そして、私をいつもエンパワーしてくれる最愛の妻・優子（愛知学泉大学准教授）と、いつも元気いっぱいの2人の息子・慧丈と聖悠に捧げたいと思う。

　2015年1月

益川　浩一

現代社会教育・生涯学習の諸相　第Ⅰ巻　歴史編

目　　次

緒　　言……………………………………………………………………………… *1*

第1章　戦後初期公民館研究の意義と課題・方法 …………………… *9*

1．戦後初期公民館研究の意義──問題意識── ………………… *9*

2．先行研究の検討と研究の新しいフレームワーク ……………… *10*

3．地域史研究の視角 ………………………………………………… *14*

4．初期公民館研究の視角──方法的視点── ………………… *20*

5．初期公民館の時期区分とその指標 ……………………………… *21*

6．小括──課題の限定── ……………………………………… *24*

第2章　戦後初期愛知県における地域社会教育の内容・方法 ………… *27*

1．問題意識──本研究の課題と方法── ………………………… *27*

2．愛知県における「社会学級」の普及…………………………… *29*

3．愛知県における視聴覚教育の推進 ……………………………… *36*

4．まとめに代えて ………………………………………………… *40*

第3章　戦後初期愛知県における公民館行政の動向 ………………… *44*

1．問題意識 …………………………………………………………… *44*

2．方法視角 …………………………………………………………… *45*

3．戦後初期愛知県の社会教育行政の動き
　　──公民館の設置を中心にして── ………………… *47*

4．戦後初期愛知県における公民館の設置の動向
　　──碧海郡桜井村公民館の動向── ………………… *51*

5．まとめ ……………………………………………………………… *56*

第4章　戦後初期愛知県における公民館活動の動向
　　──額田郡幸田村の動向── ………………………………… *60*

1．本研究の課題と方法──課題意識── ………………………… *60*

2．戦後初期愛知県の社会教育行政の動き
　　──公民館の設置を中心にして── ………………… *62*

3．戦後初期幸田村における社会教育活動と公民館の設置 ………… *63*

目　次　5

　　4．幸田村公民館の歴史的位相 ……………………………… 65
　　5．幸田村における公民館の設置とその特色 ……………… 67
　　6．部落公民館の設置、運営 ………………………………… 70
　　7．小　括 ……………………………………………………… 75

第5章　戦後初期愛知県における公民館活動の実態
　　　　　　── 額田郡幸田村の動向 ── ………………………… 79
　　1．課題意識 …………………………………………………… 79
　　2．方法視角 …………………………………………………… 80
　　3．幸田村中央公民館の活動 ………………………………… 81
　　4．視聴覚教育活動 …………………………………………… 84
　　5．成人学級・社会学級 ……………………………………… 85
　　6．生活改善運動 ……………………………………………… 86
　　7．部落公民館の活動 ………………………………………… 87
　　8．小　括 ……………………………………………………… 90

第6章　戦後初期岐阜県における公民館活動の実態
　　　　　　── 多治見市の動向 ── ……………………………… 101
　　1．問題意識 …………………………………………………… 101
　　2．方法視角 …………………………………………………… 102
　　3．法人公民館の歴史的位相 ………………………………… 104
　　4．財団法人池田町屋公民館の設立 ………………………… 106
　　5．まとめに代えて …………………………………………… 113

第7章　戦後初期岐阜県における青年学級の動向 ………… 119
　　1．問題意識 …………………………………………………… 119
　　2．岐阜県における青年学級創設の動き …………………… 120
　　3．青年学級開設の基盤 ……………………………………… 122
　　4．吉城郡国府村青年学級 …………………………………… 122
　　5．武儀郡上之保村川合青年学級 …………………………… 123
　　6．青年学級振興法の制定と青年学級 ……………………… 125
　　7．地域青年学級の衰退と職種・職域青年学級の展開……… 127

8．職種・職域青年学級の活動 ……………………………… *128*

9．職種・職域青年学級の動向 ……………………………… *131*

10．小　括 …………………………………………………… *132*

第8章　戦後初期岐阜県における婦人学級の動向 …………… *134*

はじめに ……………………………………………………… *134*

1．地域婦人組織の再編の動き ……………………………… *135*

2．地域婦人会の組織化 ……………………………………… *136*

3．「民主的団体」としての婦人会 ………………………… *138*

4．地域婦人会の問題点・課題 ……………………………… *139*

5．婦人会組織の停滞 ………………………………………… *141*

6．岐阜県内地域婦人会の活動 ……………………………… *143*

おわりに ……………………………………………………… *144*

現代社会教育・生涯学習の諸相　第Ⅰ巻　歴史編

第1章
戦後初期公民館研究の意義と課題・方法

1．戦後初期公民館研究の意義 ── 問題意識 ──

　臨時行政調査会による行政改革以降、臨時教育審議会の答申、いわゆる生涯学習振興整備法制定に至る「生涯学習体系化」の一連の動きの中で、社会教育をめぐる状況も顕著な変化を迫られてきた。社会教育における市町村主義の後退、社会教育行政の一般行政への包摂化、社会教育施設の事集団委託化、社会教育職員の非常勤嘱託化といった社会教育の非公共化の動きがそれである。さらに、昨今の地方分権化と規制緩和にともなう社会教育法改正の中では、社会教育の公共性に対する消極的認識、社会教育行政の独自性に対する否定的な捉え方が貫かれ、それゆえに、戦後社会教育改革の民主主義的原則、「社会教育の自由と自治」といった戦後社会教育のすぐれて積極的な教育的価値に対する否定的姿勢等の問題状況が生起していることを看過することができない。

　以上のような社会教育をめぐる今日的問題状況をふまえつつ、こうした社会教育の当面する問題を歴史的な文脈の中に投げ返すことによって、その本質のより的確な把握に迫りうるのではないか、より具体的にいえば、社会教育の公教育性、いいかえれば、公教育の一環として組織化された社会教育の理念的及び制度的特質を、歴史的文脈の中で実証的に分析・解明することが

ことのほか重要になってきている。それゆえに、いま改めて歴史的範疇としての社会教育概念のいっそう精緻な捉え直しが必要であり、とりわけ、戦後社会教育の骨格が形成された戦後初期の社会教育改革の実像と特質を捉えることが、これまで以上に重要な課題となってきているであろう。その際、戦後初期公民館（1946年〜1953年の公民館。以下、初期公民館または単に公民館と記す）をめぐる動向に注目する必要があると考えられる。なぜならば、戦後社会教育改革の一環として構想された公民館は、その理念を集中的かつ集約的に具現し、戦後社会教育の新しさを象徴するものと考えられているからである[1]。

2．先行研究の検討と研究の新しいフレームワーク

初期公民館に関する研究は、公民館が戦後の社会教育施設の中心として登場したにもかかわらず、意外と少ないのが現状であるが、そのような中にあって、文部次官通牒「公民館の設置運営について」（1946年）を中心とした初期公民館構想に関する文部省の政策論的・総論的研究、あるいは、初期公民館構想の実質的立案者である寺中作雄の意図する「公民」概念に視点を据えた思想的研究がみられる。例えば、以下のようなものが注目される。

① 小川利夫「歴史的イメージとしての公民館—いわゆる寺中構想について—」（同編『現代公民館論』東洋館出版社、1965年）。

② 笹川孝一「戦後初期社会教育行政と『自己教育・相互教育』」（碓井正久編『日本社会教育発達史』亜紀書房、1980年）。

これらの研究の内容は、文部省の初期公民館構想が、戦前の自治民育的社会教育観を内包するものであり、戦前の内務省系列の地方自治政策、すなわち、戦前の地方改良運動をはじめとする「官製的村づくり運動」の特徴を受け継ぐものであること、その意味での戦前との「連続性」を批判するものであった。そして、構想された公民館の機能が、行政に対する住民の自主的努

力を引き出すものにとどまり、結局のところ、公民館は、国家政策浸透のための末端機関として位置づけられたことを批判的に捉えようとするものであった。こうした初期公民館構想に対する批判は、とりわけ初期公民館構想の消極的な側面、いわば「影」の部分に焦点をあてたものである。すなわち、初期公民館構想は、戦前社会教育とくに自治民育的社会教育観の残滓を内包するものであり、その意味で、戦前社会教育との「連続性」を看過しえないという限界を指摘したものであり、初期公民館構想の理念的特質を問う意味で重要な指摘といえる。

　しかし、上述の先行研究のように、戦前・戦後をあまりにも連続的に捉える歴史観に対して、著者は、いささか抵抗を禁じえない。もちろん、敗戦直後の初期公民館構想を、まったく近代的・民主的なものとして評価するのは、誤りである。しかし、一方で、戦後教育改革の理念が崩壊しつつある今日の問題状況を考えてみると、そうした初期公民館構想の「影」の部分ばかりに焦点をあてるのではなく、限界をふまえつつその積極的な側面、つまり「光」の部分に焦点をあて、その可能性の実質化を導き出すことが、ことのほか重要になっていると思われる。いうまでもなく、住民の自己教育の主体形成にとって、公民館は積極的な教育的価値を有するという意味での可能性（すなわち、「光」の側面）と同時にそれを否定する限界（すなわち、「影」の側面）を有するからである。

　また、先行研究のように、「影」の部分ばかりを強調するのでは、当時を生きた地域の住民は、いわば「被害者」であり、研究にとっての「客体」にとどまる。そのような研究視角だけでは、初期公民館の全体像を浮き彫りにすることにはならないと思われる。当時、敗戦直後という厳しい歴史的現実にあって、地域の生活や生産の再建を目指して、公民館づくりに多くの住民のエネルギーが燃やされたのである。そのような住民の姿にもっと目を向けるべきではないか。そうした住民のエネルギーと初期公民館構想の「光」の部分とは十分にひびきあう基盤があったのではないか。上述のような可能性と限界が相矛盾しつつ公民館を成立させていたことをふまえて、歴史的なダ

イナミクスをトータルに捉えることが必要であると考える。

　改めて結論的にいえば、先行研究における初期公民館構想に対する批判には、次のような問題点があると思われる。すなわち、「公民館構想は権力の上からの意図の伝達機関としての性格・機能が一般的な姿ではないか」、「国家行政の末端機関としての公民館」＝地域支配の裏側の道具といったような中央政策としての初期公民館構想に対する一般的批判については、そのように一面的な国家・権力構造論的観点からのみ、公民館と住民の関係を、あるいは行政と住民の関係を捉えることに問題があるのではないかと思われる。そうした方法論では、歴史的存在としての公民館の実像を正当に捉えることは困難と言わざるを得ない。上述の構造論的研究には、「国家」対「国民」、ないし、社会教育の「公」（「公共性」）対「私」（「私事性」）、という二項対立的な（二分法的）認識が一貫して存在し、それらを介在する地域住民を主体とする「共」ないし「共同性」（協同性）という、いわば市民社会の論理が欠落しているからである。しかも、その把握は、「中央」に対する「地方」への政策浸透という価値序列を含んだ、いわば序列的・対立的な二分法として把握されている。そこでは、公民館は国家政策浸透のための末端機関（地域支配の裏側の道具）として位置づくにとどまり、不当にも、住民はあくまで国家により方向づけられた教育の「客体」の位置に固定化されてしまうのである。

　敗戦直後の社会的・経済的混乱の中で、地域において住民は日々営々と自らの生活と生産に専念していた。すなわち、住民は、敗戦直後の社会的・経済的状況を背景とした物質的・精神的窮乏の中で、自分たちの生活の安定をどのように獲得していけばよいのか、生活・生産苦、食糧不足、燃料・原材料不足の中で、戦争によって崩壊した地域の生産活動をどのように復興していけばよいのか、自分たちが勝ち取った平和の中で、精神的・文化的欲求を充たす機会をどう取り戻していけばよいのか、復員者・引揚者の問題をどのように解決していけばよいのかといった、まさに「生きていく」ための諸問題[2]に直面していた。上述のようななまなましい「リアルな生活要求」が

地域にうずまき、その中で、それらを解決しようとした住民の感情・意識・要求・エートスを看過しては、初期公民館の実像を十分に捉えきれないのではないだろうか。中央政策レベルにおいて、公民館が中央政策の浸透のための末端機関として位置づけられたこと、あるいは、そのように機能したことの一面的な批判だけでは、当時の厳しい現実の中で生き、自らの生活を切り拓き、自己を形成していった人びとの生活史を切り落とした公民館史研究に堕するであろう。たとえ中央政策の浸透末端機関として公民館が位置づいていたとしても、それにもかかわらず、なぜ、公民館は地域で実質的な普及をみ、住民の中に浸透あるいは受け入れられていったのか。「国家」対「国民」という枠組みだけではなく、初期公民館構想の受け手である地域の住民が、具体的にどのような生活・社会背景のもとでいかなる考えをもって公民館を「主体的に」受け入れていったのか。そのプロセスを、住民の「リアルな生活要求」に留意しつつたどることで明らかにしていくことが重要ではないだろうか。先行研究が指摘した側面をもつとしても、多くの地域の住民にとっての学習・教育活動、あるいは、地域・生活課題解決の場であり続けた公民館を、地域の実像から捉え直していくことが課題とされるべきではないかと考える。

　以上の意味から、筆者は、初期公民館と住民の関係を、「権力の上からの意図の伝達機関」として、ただ一面的に権力構造の枠組みの中でのみ捉えることには重大な誤りがあるのではないかと考える。公民館は、ある意味では、国家の必要のために"上から"（権力による政治論理のもとに）移入されたものであったかもしれないが、そのような制度も、それが機能するためには、その地域によって支えられ、受け入れられる基盤を必要とする[3]。そこには、国家・権力構造論的観点からだけでは捉えきれない地域住民の生活実態に即した「リアルな生活要求」の存在が見逃せないからである。先行研究の指摘とは異なって、このような生活実態に即した住民の「リアルな生活要求」と中央政策としての初期公民館構想とがひびきあう基盤が、双方の論理の中に伏在していたのではないかというのが、著者の仮説である。いいかえれば、

公教育としての社会教育の二面性ないし矛盾的性格に注目し、市民社会の担い手としての地域住民（地域の市井の民衆）の立場からそうした矛盾の止揚を目指したいと著者は考える。主要には従来の社会教育史研究において支配的であった国家（権力）論ないし国民の教育権論という分析視角に学びつつも、より積極的には、市民社会論ないし市民的自己教育論の視点から初期公民館の特質解明に迫ってみたいと考える。

　以上の仮説を分析する視角としては、その検証の場を具体的な地域にまでおろし、個別事例にあたることによって、実際に初期公民館の活動が、地域住民の「リアルな生活要求」とかかわって地域でどのように展開されたかを分析し、生活者としての住民の生活の論理を基軸として、公民館の歴史的実像を浮き彫りにすることが必要になってくると考えられる。すなわち、地域における社会・生活構造や住民の生活実態に関する詳細な分析をもとに、公民館をめぐる地域史的実態を明らかにし、初期公民館の歴史的特質を解明することを目指したい。

3．地域史研究の視角

　具体的な地域における初期公民館の実像解明を進める視角については、文部省の政策との関係に焦点を当てることが、第1に必要である[4]。その際、中央の政策をそのまま請け負う地方（地域）、すなわち「中央政策の完全な地域定着」ではなく、中央政策との矛盾・対抗、浸透補完、受容・変容の過程に注目しなければならない。なぜなら、国の政策の意図するところと地域における住民の主体的な学習要求との間には、離齬が生じる可能性があり、中央の政策は必然的に屈折・変容を余儀なくされるために、そのまま地域にひろがるわけではないからである[5]。

　このような中央レベルの政策の地域定着過程研究に関して、その方法論を学ぶために、小林文人の「社会教育法の地域定着」研究[6]を参考としてみ

よう。小林はまず、中央政策レベルにおける社会教育法の地域定着の諸側面を、①法に規定されている具体的・量的事項が実際に実現されること、②法規定を実現するための組織・機構の制度化、③法理念の地域における実質化とおさえ、その分析の視点として次の3点をあげる。すなわち、①法制がおろされてくるパイプとしての地域統治行政の分析、②法制定着の実質的な担い手である地域住民の構造分析、③地域定着の媒介要因、の3点である。そして、小林は、社会教育法の地域定着にみられる独自な性質として、①法の任意規定性のため地域的にあるいは規定別に選択的な定着をみせるという基本的な特質がみられ、その派生として、②屈折と変容、③非定着の定着、④国家的に選択的な定着がみられると指摘する。さらに、小林は、それを「法定着における矛盾構造」として、「法そのものの内部的矛盾」と「法の地域への『一般的典型的』な定着＝実施・適用過程における矛盾」の問題と捉え、結論的に、「国家レベルから地域レベルへの定着過程において、法は、法自体の性格により、また地域現実条件に規定されて、明らかに屈折し変容していたとみなければならない。その過程において法理念は虚像でしかない場合があり、したがってそれはどのように虚像化され、逆にどのように地域における現実的な法の存在構造－実像－が形成されているのか、についての詳細な分析が今後おこなわれなければならない」と述べる。

　上述の小林の研究課題は、中央から地方に対する「法の具体的な実施・適用過程における変容のメカニズムの解明」であった。社会教育法に関する国家レベルの実態だけでなく、それが浸透・定着・変容していく地域レベルの実態を明らかにしていくという点ではそれは大きな意味があった。しかし、このような中央政策の地域定着過程に関する研究は、それはそれとしてもちろん必要であるが、地域に視座を据えた研究を進める場合には、それだけでは十分ではない。小林の研究は、中央の政策を地域がそのまま請け負うという「中央政策の完全な地域定着」を予定しておらず、国家政策と住民の主体的な活動とのダイナミックな連関性を重視して、中央政策の定着における地域独自の「変容・屈折」を問題にしている。しかし、そこでは、あくまで国

家を起点・中心として、その変容が問題にされている。すなわち、中央政策の地域定着における変容・屈折といっても、それは、あくまで中央政策の地域への定着であり、地域定着における変容・屈折は認めるにしても、中央で策定された政策の"末端"への還元という方向性が強い。そこでは、地域は中央に対する対概念となり、中央に対する地方という価値序列がつくられる。このような中央−地方という枠組みだけでは、地域における社会教育や公民館の固有の歴史とその生きた現実をしっかりと捉えることは困難であろう。そこでは、地域からのいわば内発的な力、いいかえるなら地域の住民の生きた姿、「リアルな生活要求」が重視されていないからである。

　地域に注目するといった場合、それは中央で策定された政策が地方へ定着していく過程（たとえ変容・屈折を含むとしても）のみを意味してはならないと考える。この点に関連して、津高正文らを中心に議論された社会教育における「地域史」・「地方史」をめぐる研究動向が注目される。津高は、「地域史」研究を、「それぞれの地域がその歴史的・社会経済的・文化的環境の中で蓄積してきた社会教育実践の検討」として捉え、「国の政策や施策がそれぞれの地域でどのように展開されたかを跡づける」「地方史」（中央→地方の関連を中心課題とする研究）と区別し、「公的社会教育に変容を迫ったような諸活動に焦点をあてて、検討すること」を戦後社会教育史研究の課題としている。そして、津高は、地域再編・国家主導型の生涯学習政策がすすむ中で、「改めて社会教育法の理念に即する社会教育の発展をどう見通すかがわれわれの基本的な課題であり、そのためにこそ、地域・自治体に根ざした社会教育事業・活動が蓄積した成果と課題がふりかえられなければならない」と述べ、「地域」社会教育史を研究課題としてとりあげる意義を提起する。そして、「それぞれの地域で、地域・自治体に根ざしつつ個性的・創造的に展開されてきた社会教育活動の経過をふりかえり、その成果と課題を明らかに」するためには、「それぞれの地域の社会教育の個性的・創造的な展開が、いかなる要因によって支えられてきたのかを問い、それらを地域の歴史的・社会的条件にも配慮しつつ明らかにする」ことが必要であることを示

第1章　戦後初期公民館研究の意義と課題・方法　*17*

し、「地域の社会教育活動に活力と展望を与えたものは何か、を探ることを通じて、地域社会教育活動の個性や特質を明らかにする」必要性を述べる[7]。ところで、小林文人も、沖縄社会教育史研究を進める中で、先にふれた自らの方法論を自己反省し、次のように述べている[8]。

　　「国の社会教育法の地域への定着という場合、常に国家を基軸としてそれを受け取るものとしての地域という捉え方、国家法制を起点としてのその屈折・変容という定着の捉え方には地域研究における国家主義的視点といったものが抜きがたく根をはっている（中略）。戦後日本の社会教育は、国家法制とその地域への浸透・定着という一枚絵だけでは描ききれない。その大きな枠組みを下絵としながら、その上にそれぞれの地域の歴史と固有の条件に基づいて地域社会教育の個性的な実像を描いてみる必要がある。そのような地域実像の集積として、地域的個性の多数の集合体として、戦後日本の社会教育の全体を捉え直す努力が必要なのではないか。それは中央から地方を単眼的にみるのではなく、地域から国家を複眼的にみることでもあろう」。

　このような諸議論の課題意識は、各々の地域で個性的・創造的に展開されてきた戦後社会教育の実像を浮き彫りにし、地域を通じて主体として自己を形成していく住民の足跡を検証しようとするところにある。
　ところで、上述の方法論とかかわって、歴史的・社会的諸条件に規定されながらも、民衆が自己を形成していく過程を究明しようとした民衆（思想）史をめぐる動きに注目してみよう[9]。民衆（思想）史の代表的な研究者である色川大吉は、次のように述べる。

　　「民衆思想ということを言ったのは、今までの近代史は権力についたか権力から疎外されたか、いずれもごく少数の上流階級の歴史であったから、そういう視点をひっくり返す反語的表現として使ったわけです。本来、歴史とは、何千人、何億の人の歩んだ過程を跡づけるものなので、そのためにエリートなり知識人、権力者なりの研究も必要なのであって……」。
　　「民衆が集団として立ち上がったときの行動が結局歴史の流れ方の基底的な力になっている……そういう歴史の基底力になる民衆の行動を解明する場合

は、……民衆がどういう考え方をもっているか、どういう多様な意識で動いたかということがわからなくてはならない」。

このような民衆（思想）史の方法意識は、歴史における政治・経済の偏重に対し思想・精神を、社会構造に対し民衆生活をもちだすにとどまらず、「頂点」にいた思想家をたどる方法をも廃し、「底辺の視座」からの歴史過程を描こうとするものであった[10]。すなわち、民衆をはじめから「戦うもの」として権力構造の中に一義的に還元するのではなく、権力構造論的観点からだけでは捉えきれない民衆の複雑な意識と行動を掘り起こし、「いわばかれらの土俗的な日常性から個性的な形なり変革主体として自己形成してゆく過程までを具体的にフォローする」ものであった[11]。

このように、「国家」対「国民」という図式のみにとらわれず、住民の生活それ自体を解明しようとする動きは、教育史研究の中にもみられる[12]。中内敏夫は、社会史の方法を援用しつつ、「制度史としての教育史」を批判し、「『生活』とか『地方』の名で呼ばれたことのあった、日本に住んできた人びとのおこなっていた現実の発達課題の解決の方法、つまり、その解決過程としての教育史」をえがくことを提起している。中内は、「教育のしごとを人々の心身の管理のひとつのかたち」として見、「教育と教育的発達の歴史は、その管理と制度と意図の歴史」であるとする。しかし、「その多くは匿名の、この歴史を生きてきた人々の立場からみれば、管理者の制度と意図の中で、あるいはこれをこえて生きてきた者の生き方とその意図の歴史」であるから、この「匿名の教育史」こそが重要であると、中内は主張するのである。すなわち、中内は、「だれかが意図した制度や観念の歴史ではなく、人びとによるその生きられた日常史をえがきだす」ことの重要性を述べ、国家権力の意図に基づく教育の政策史・制度史のみや「大」人物の思想についてのみに終始する歴史を批判する。

民衆（思想）史研究や教育の社会史研究は、私たちが日常的に立っている生活や生産の場そのものにおける自己形成の営みと歴史のそれぞれの段階・

局面で、住民がどのように主体を形成してきたか、その足跡を地域を介して洗い出すことの重要性を指摘しているように思われる[13]。これはまさに、住民（民衆）が、地域の土俗や生産点での慣行をつうじて、新たな歴史的条件をどう切り拓いてきたか、その変革のエネルギーの諸相を明らかにすることであり、地域を介して住民（民衆）が主体的にどのように諸問題の解決を図ろうとしてきたか、その足跡を洗いだし、過去の「生けるもの」を地域という場で掘り起こしていくことの重要性を示している[14]。すなわち、住民（民衆）が中央の政策＝「支配の網の目」（色川大吉）をかいくぐって、それぞれの力量や条件、要求に応じて、権力に取り込まれるばかりでなく、それとの関係性を認識しながら、生活現実を介して、自己変革（主体形成）をしてきた軌跡を捉えようとするのである[15]。このような住民の中にある創造力を、色川は「基底的な力」と呼んでいるが、地域における自己教育運動の組織化としての社会教育・公民館活動を考究する際には、そうした地域住民の内発的な力が、いいかえるなら、住民の「リアルな生活要求」の存在構造が、とりわけ重要視されてもよいであろう。

　以上検討してきたことは、従来の初期公民館研究の方法的視点を転換することを要請する。それは、地域や住民を、国家政策の浸透・定着の対象としてのそれとして見る視点、すなわち、地域や住民を国家の政策に取り込まれる「客体」として見る視点から、中央政策に取り込まれて行政への自主的協力を要請されるばかりではなく、その影響を受けながらも、自ら発展し、自らの生活課題を充たし、解決しようとする中で、国家の政策との関係性を認識しながらも、自己の生活を豊かにするために自己教育運動をくりひろげる、地域における生活や生産の主体として住民を捉える視点への転換である。初期公民館の研究においては、まさに住民の意識と公民館活動を関わらせること、いいかえるならば、公民館活動の性格を、住民の「リアルな生活要求」に焦点をあて、いわば底辺から見直すことが重要になってくる。そこでは、公民館活動の創出や充実を担う主体として、自ら学習・教育活動を組織してそれに必要な条件を求めていく生きた住民の姿についての研究が課題化され

る。すなわち、初期公民館研究においては、敗戦直後という混乱期を生きた住民の営為を、その生活と生産の場から、そして文化の営みから描き出すことをとおして、住民の主体形成の実像とそこに含まれる教育的価値を明らかにすることが、目指されなければならない[16]。

4. 初期公民館研究の視角 ──方法的視点──

　以上の検討をふまえつつ、改めて、初期公民館研究の方法的視点をやや総括的に記しておきたい。

　初期公民館の設立過程とその実像・特質の解明は、地方・地域史研究の不十分さや史・資料の入手の制約等もあり、これまでのところそれほど深く着手されることなく、いまだ未開拓であるといわざるを得ない。したがって、初期公民館およびそれに関係する史・資料、文献等の詳細な分析を行い、初期公民館の歴史的特質を理論的かつ実証的に明らかにしていくことが喫緊の課題といえよう。より具体的には、初期公民館の歴史的特質を析出するために、第1に政策レベルの動向をふまえる必要がある。その際、文部省の初期公民館構想の創出を担った寺中作雄（文部省社会教育課長）の地域観や社会教育思想のほか、初期公民館構想の普及に尽力した鈴木健次郎（文部省事務嘱託）の社会教育論等を詳細に分析する必要があろう。

　しかし、政策レベルの動向をふまえただけでは、初期公民館の特質を十分に説明しつくすのは困難であるように思われる。初期公民館を検討する場合、文部省の政策動向をふまえることが一方で基本的に重要なことであるが、それだけでは、生きた教育現実に切り込むものとはならない。市町村など具体的な地域を基盤にするという公民館の性格から、また、「本来、教育はきわめて人間的なしかも日常的な取り組みであり、それは単なる観念でもなければ、一片の通牒でもない」[17] ことを考慮すると、歴史的・社会的・文化的な背景を異にした地域における公民館の設立、運営過程の分析があってはじめ

て、初期公民館研究が公民館の歴史的実像の把握を可能にし、かつ、総合的な意味をもちうるといえる。その際、ことのほか、地域住民の生活、生産・労働、地域の自治に関わる現実と、そうした現実が公民館を方向づけたという実態、すなわち公民館成立の基底的要因の構造的・歴史的分析が不可欠と考えられる。ところで、地域における初期公民館については、千野陽一・上田幸夫らを中心にこれまで研究がなされている[18]。ところが、それらの多くは、文部省レベルの初期公民館に関わる政策・施策の地域への浸透・定着過程の究明に重点が置かれており、また、全国のいくつかの公民館を断片的に検討対象にしていることもあって、歴史的・社会的・文化的な背景を異にした具体的な地域における公民館の設立、運営過程が総合的・具体的に分析されたものとはいえない。

以上検討してきたような視角から、初期公民館において、国家（政策）の論理と住民の生活の論理がどう対抗し、あるいは、どう結合し、相互のダイナミックな連関性をもちつつ、固有の社会教育機関としての特質を形成していたのかを、政策レベルの動向と地域・住民の「リアルな生活要求」を基盤とした具体的な各地域の実態との両面から、「複眼的」（小林文人）に分析することを研究目的として設定したい。

5．初期公民館の時期区分とその指標

「時期区分の仕方こそ、認識をとおして史実の内的連関とその発展を論理的に再構成する歴史認識の必然的な自己表現形態となる」[19]。その意味で、初期公民館と言った場合、何をもって「初期」と規定するのかということが、もっとも重大な方法論的課題のひとつになると考えられる。例えば、徳永功は、戦後公民館の歴史を大きく4つの段階、すなわち、①建設期、②定着期、③模索期、④発展期にわけ、①建設期である1946年から1949年までを「初期公民館の時代」としている[20]。この時期は、1946年7月に出された文部次

官通牒「公民館の設置運営について」から社会教育法制定までの時期であり、いいかえるならば、政策的に通牒という形で発足した公民館が、法的根拠をもった施設として規定されるまでの時期である。公民館の法制度的な側面から公民館の歴史を考察することは妥当である。実際に、1949年の社会教育法の制定をひとつの契機として、公民館の条例、規則の整備、運営組織の改革等が進められ、さらに、公民館の設置率も、社会教育法制定を境にして上昇することとなったからである。

　しかし、その一方で、公民館の活動内容の面から公民館の歴史的な時期区分を設定するとすれば、初期公民館とされる時期は、公民館の法制度的な側面から見た時期区分とは、若干のズレが生じてくると思われる。社会教育法制定以前に発足した公民館においては、社会教育法制定後、運営組織等の改革を進めながらも、その活動内容については急激な変化が現れたわけではなく、従前からの活動を継承している場合が多かったと考えられるからである。また、社会教育法制定後に発足した公民館についても、その活動については、従前から設置されていた公民館の活動に倣って展開された場合が多く、その内容は、社会教育法制定以前からのそれを継承している部分が多分にあったと思われる。

　それでは、初期公民館の活動は、どのような特徴を有していたのか。例えば、千野陽一は、文部次官通牒から社会教育法公布前後の公民館の活動を、次の３つのタイプに分類している[21]。第１に、生産復興・生産向上を中心内容とする公民館である。第２に、失業救済・生活安定を中心内容とする公民館である。第３に、文化・教養活動を中心内容とする公民館である。初期公民館の活動は、後に制定される社会教育法第20条にいう「教育、学術、文化」に限定されない、産業復興・自治振興等を含む郷土復興全体に関わる総合的な性格を有していたといえる。

　社会教育法制定以前の公民館で展開されていた活動内容が、いつ頃まで継続され、展開されることになったのかということについては、地域によって様々であろうが、初期公民館的な活動が衰退していくことになった要因とし

ては、例えば、①公民館財政の絶対的不足と、条件整備の不徹底、②敗戦後
の混乱期を脱し、行政機構が整備され、公民館がそれまでカバーしていた諸
機能が分化され、専門機関へその機能が移行されたこと、③公民館活動に目
新しさがなく、住民をひきつける魅力に乏しくなっていったこと、④公民館
を取り巻く行政の再編成がなされたこと、の４点が考えられる。とりわけ②
及び④の要因に注目してみると、1950年代の前半、仮説的には、1953年を
もって、ひとつの時期区分をなし得るのではないかと思われる。その画期と
して、1952年に実施された教育委員会の町村への一斉設置と、それに続いて
行われた町村合併策（1953年）を設定することができる。

　初期公民館は、総体として「町村振興」、すなわち、村づくりのための機
関としての活動を展開したが、こうした活動は、1949年の社会教育法の制定
にもかかわらず、一般行政の中で機能した。ところが、1952年の教育委員会
の町村への一斉設置によって、公民館は町村の一般行政を離れ、教育委員会
へと移管されることとなった。このことによって、それまで町村首長部局に
よる支持を受けてきた公民館が、その基盤を失うことになり、それまでの
「町村振興」、村づくりのための機能を弱体化させることになったのである。

　また、1953年のいわゆる町村合併促進法によって進められた町村合併も、
公民館活動の大きな転機となった。この町村合併によって、1953年から1956
年までの３年間に、市町村の数は約３分の１まで減少し、人口8,000人以下
のいわゆる小規模町村は、その姿をほとんど消すことになったのである。初
期公民館の活動は、そもそも「町村振興」を主な目的とする、いわゆる村づ
くり運動的な要素を多分に含むものであったが、町村合併によって、村づく
りをすすめる対象としての町村が存在しなくなってしまったのである。それ
まで公民館活動を支えてきた「自分たちの村（町）」という住民の自治意識
も低下することとなり、住民と公民館活動との間に隔たりが生じるに至った
のである。また、町村合併された多くの地域では、行政区域の広域化にとも
なって、公民館体制の再編が進められ、合併前の町村に設置されていた公民
館の中央公民館への統合とそれにともなう公民館職員の引き揚げがなされ、

施設としての公民館は残っていても、公民館が実質的な機能を果たすことができなくなった場合も少なくない。町村合併による公民館職員の引き揚げ、公民館関係予算の削減は、公民館の状況を一変させることになったのである。

このように、1952年に実施された教育委員会の町村への一斉設置とそれに続いて行われた町村合併策（1953年）にともなう行政組織そのものの再編成という動きの中で、公民館の活動内容も大きく変化せざるを得なかったのである。町村合併を境に、全国的な規模で、この時期に、初期公民館的な活動が衰退していくことになるのである。

主に公民館の活動内容にひきつけて、初期公民館の時期区分を設定し直すとするならば、1946年文部次官通牒「公民館の設置運営について」から1953年の町村合併促進法によって進められた町村合併までの時期を初期公民館の時期として区分し、主な分析対象として設定することができると考えられる。

6．小　括──課題の限定──

以上、初期公民館研究において、地域における社会・生活構造や住民の生活実態、住民の「リアルな生活要求」に関する精細な分析をもとに、初期公民館の実像と歴史的特質を実証的に浮き彫りにすることの重要性を述べてきた。とくに対象に迫るための方法（論）としては、次のような点を提示した。すなわち、これまでやや顕著であった国家・権力構造論的（政策・行政研究）な、また、政策と自己教育運動の対抗関係を軸にした二項対立的な捉え方ではなく、地域・住民の生活現実と学習実践に視座をおく市民社会論的な視点から接近する。その際、地域・住民の「リアルな生活要求」を基盤とした協同的学習活動をとおして、社会教育の公共性が内発的に構築される歴史的契機と可能性を究明していく。初期公民館は、一方で国家の統制支配下に置かれてきた側面もあるけれど、他方では地域の各種の活動と結びつきながら、住民の「リアルな生活要求」を解決する主体的な教養形成の拠点としても機

能してきたと考えられる。そうした初期公民館の二面性に留意しながらも、とくに後者に着眼し、どういう施設運営のもとで、いかなる地域の現実や住民の生活実態、「リアルな生活要求」にかかわる学習実践をとおして、いかに社会教育の自由と自治及びその公共化（私事としての社会教育から地域・自治体の住民の共同の営みとして）―萌芽形態ではあれ―を創出したのか、その筋道を明らかにしていくことが初期公民館研究の課題となる。

【注】

1）宇佐川満「公民館構想について」『大阪学芸大学紀要』第9号、1968年などを参照。

2）横山宏「混乱の中からの芽生え」戦後社会教育実践史刊行委員会『戦後社会教育実践史』民衆社、1974年などを参照。

3）こうした視点については、片桐芳雄「教育における地域史と社会史」『〈教育を拓く〉』No.5、新評社、1985年、p.3を参照。

4）辻浩「岐阜県占領期社会教育史研究の意義と方法」名古屋大学教育学部社会教育研究室『社会教育研究年報』第7号、1988年、p.4。

5）同前、「岐阜県占領期社会教育史研究の意義と方法」を参照。

6）小林文人「社会教育法の地域定着―法理念の定着の問題を中心にして―」吉田昇編『社会教育法の成立と展開』東洋館出版社、1971年、pp.120-131。

7）津高正文「地域社会教育史研究の意義―関西の社会教育の特質―」同編『戦後社会教育史の研究』昭和出版、1981年、pp.23-30、津高「地方（地域）社会教育史研究の意義と課題・方法」同編『地方社会教育史の研究』東洋館出版社、1981年、pp.8-14。

8）小林文人「戦後社会教育の地域的形成―とくに沖縄社会教育史研究に関連して―」前掲『地方社会教育史の研究』pp.24-25。

9）色川大吉・小木新造「対談　自らの手で自らの歴史を」色川大吉他編著『歴史の視点』下巻、日本放送出版会、1975年、p.23、色川『新編明治精神史』筑摩書房、1973年、p.21。

10）成田龍一「第二の『革新』へ」『日本教育史往来』No.81、1992年12月、p.1。

11）永原慶二『歴史学序説』東京大学出版会、1978年、p.294。

12）片桐芳雄「実証主義を越える」前掲『日本教育史往来』No.81、pp.3-4、中内敏夫「教育史はどうすれば国民の科学になりうるか」『教育』1981年4月号、p.85、中内『改訂増補　新しい教育史―制度史から社会史への試み―』新評論、1992年、p.2。

13）金原左門「地域史研究の動向」自治体問題研究所編『地域と自治体』第8集、

1978年、p.99。

14）同前、p.101。

15）金原左門「近代日本民衆史の意味」『日本の科学者』Vol.11、No.10、1976年10月、p.11。

16）こうした視点については、島田修一・笹川孝一「長野県連合青年団運動史研究」前掲『地方社会教育史の研究』、p.111を参照。

17）小川利夫「共同研究・東海戦後社会教育史によせて」、東海社会教育研究会『東海の社会教育　特集：占領下岐阜県社会教育の証言』第28号、1987年、p.1。

18）例えば、千野陽一「初期公民館活動の性格」小川利夫編『現代公民館論』東洋館出版社、1965年、千野・上田「初期公民館の地域定着過程―『次官通牒』から設置普及期まで―」『東京農工大学一般教育学部　紀要』第19巻、1983年、上田「初期公民館における職員の形成過程に関する一考察」『日本社会教育学会紀要』No.20、1984年など。

19）芝原拓自「時期区分論」歴史学研究会『現代歴史学の成果と課題1―歴史理論・科学運動―』青木書店、1968年、p.15。

20）徳永功「公民館施設の理論」小林文人編『公民館・図書館・博物館』亜紀書房、1977年、p.102。

21）前掲、千野「初期公民館活動の性格」を参照。

第2章
戦後初期愛知県における地域社会教育の内容・方法

1. 問題意識 ──本研究の課題と方法──

　わが国の戦後社会教育改革期の教育史的研究は、着実な歩みを示している。とくに、近年では、名古屋大学教育学部社会教育研究室によって、占領期社会教育に関する研究が、本格的に着手され、今日まで着実な歩みを続けていることが、とりわけ注目されよう[1]。その他にも、例えば、碓井正久編『社会教育　戦後日本の教育改革10』（東京大学出版会、1971年）、『日本近代教育百年史』（国立教育研究所、1974年）などが、注目すべき通史的研究としてあげることができる。

　こうした研究成果は、戦後社会教育改革の理念、歴史的意義の質的検討を行ったものであり、その成果は、いわゆる戦間期社会教育史をも視野にいれた「現代社会教育史研究」[2]の進展に大きく寄与するところである。

　ところが、これらの諸研究においては、地域に深く分け入った実態分析、すなわち、中央とは相対的に独自な、地域ならではの動態に注目する視点が、やや希薄であった。「本来、教育はきわめて人間的な、しかも日常的な営みである。それは単なる観念でもなければ、一片の通牒でもない。中央行政の動きは、むろん無視できないが、地域には地域の独自主張があり、工夫があり、とりくみがあることを忘れてはならない」であろう[3]。

また、前述の諸研究は、戦後社会教育改革の理念・政策・制度にかかわるものを主として対象としており、どのような内容をどのように学んだのか、といったソフトの側面、すなわち戦後教育改革期の社会教育の内容・方法に関しては、十分に解明されているとはいいがたい。かつて、勝田守一は、教育史研究の任務について次のように述べた[4]。

　「（教育史研究は、）人間存在の歴史的諸条件（経済的・政治的・理念的・文化的な）に規定されつつ、教育の諸価値がどのように形成されたかを研究することを通じて、教育概念を歴史的に究明する研究である。したがって、教育の歴史的研究は、仮説的な教育概念に導かれながら、それ自身が教育概念を認識する過程である。この循環を含まぬ歴史的研究は、けっして教育史を構成しない」。

　また、社会教育研究者である島田修一等は、この勝田の規定に依拠しつつ、これまでの社会教育史研究における問題点を次のように述べていた[5]。

　「これまでの社会教育史研究においては、社会教育の法や制度、公民館事業にかかわる諸事実をとりあげながらも、それらが、全体としてどのような教育的価値の実現過程であったのかを究明しようとしていない傾向が強い、ということである。『教育』がじっさいに教育としての意味をもちうるかどうかは、学習の指導としての教育実践がどのようになされ、それがどんな人格発達をもたらしたのか、によってのみ判断しうることである。だから、この意味での教育的価値の形成過程の究明として、社会教育史研究を行うのでなければ、社会教育にかかわる歴史的な諸事実を記述していても、それは、教育史研究としての意味を充分にはもたないといわなければならない」。

　このような諸論（主張）に照らし合わせて考えてみると、「教育作用や教育実践の実像は教育理念や政策だけが決定するものではなく、それらを基盤としながらも、教育内容・方法として具体化され、教育的な営為の結果として実像は形成される」[6] といえるだろう。
　本章では、上記の問題意識に基づいて、戦後社会教育改革期の具体的な地

域における社会教育内容・方法の実像の解明に接近しようと試みるものである。ところで、戦後社会教育改革期の具体的な地域における社会教育内容・方法の実像を検討するといった場合、社会的・経済的・文化的な諸背景を異にした地域コミュニティあるいは市町村レベルの動向に注目することが必要であろう。さらにまた、文部省－都道府県－市町村、地域コミュニティというルートで、さまざまな政策の勧奨・普及がなされたとするならば、中央（文部省）と市町村、地域コミュニティをつなぐルートとして、都道府県レベルの動態及び都道府県行政の果たした役割が、いまひとつ重要な分析対象となる。そこで、本章では、具体的な地域コミュニティあるいは市町村レベルにおける社会教育内容・方法の実像の分析の前段階として、先の課題のうち都道府県レベルを対象とした一事例研究を行うものである。本来ならば、全国各都道府県の動向を検討すべきであろうが、本章においては、具体的な史・資料の現存する愛知県を事例とし、かつ、愛知県の戦後教育改革期の社会教育を特徴づけるものと指摘されている[7]「社会学級」を中心とした成人講座の普及と視聴覚教育の推進の取組みに絞って考察することとする。

2．愛知県における「社会学級」の普及

　まず、愛知県における「社会学級」を中心とした成人講座の取組みについて見てみる。

　ここで取り上げる「社会学級」は、1949年7月から、愛知県教育委員会社会教育課が独自に開設した成人講座の名称であるが、「社会学級」と名のつく成人講座は、それ以前にすでに行われており[8]、1949年7月までに、「憲法普及講座だとか、公民講座だとか、労働講座だとか」[9]が、県下300ほど開設されていた[10]。

　このような成人講座が開かれている中、連合国軍最高司令官総司令部（GHQ／SCAP）の地方組織である軍政部（愛知県には1945年に第30軍政部

が設置された）から、1949年2月になって、県下の全中学校で民主主義の普及のための成人講座を開催するよう通達がなされた[11]。成人講座は、1週2回で20回にわたる講座を開設しようというもので、憲法をはじめ、「民主主義的な新しい法律」の解説から「選挙や人権や婦人の地位」など、民主社会の一員として必要な一般教養を身につけさせることを意図した内容であり、名称は「成人学級」であった[12]。

　軍政部の命令によって開かれることとなった「成人学級」の第1回は、県下38の中学校において、1949年2月17日から開講され、5月9日に閉講している[13]。「成人学級」の内容は、憲法や地方自治法、民法、労働法といったものを講義形式で行うものであったが（あわせてナトコ映写機による映画の上映も行われた）、全会場で一律に行われた[14]。この後、「成人学級」は、1950年4月までに、計5回にわたって、県下216中学で開講されたが、この講座が意外な反響を呼び、合計でのべ約100万人以上もの県民がこの講座に参加することとなった（詳細は、表2-1を参照）。

　「成人学級」が開講されている同じ時期の1949年7月から、県教育委員会社会教育課は、それまでの「社会学級」・「成人学級」とは異なった、「まったく新たな構想」の下に「社会学級」を開設することとした。すなわち、「成人教養施設『社会学級』の開設について」と題する通達を、町村宛てに発したのである[15]。その通達によると、「社会学級」の対象者に関しては、

表2-1　「成人学級」開設状況

回	期　　間	受講者のべ人数
第1回	1949.2.17～5.9	128,569
第2回	1949.5.2～7.16	207,030
第3回	1949.7.3～9.15	203,671
第4回	1949.10.7～12.13	209,058
第5回	1950.1.15～4.17	306,951
計	1949.2.17～1950.4.17	1,055,279

※ 『社会と教育』各号から作成

「婦人等のみに限定せず一般成人を対象として広く何人に対してもその機会を開放する」こと、また、内容に関しては、「民主社会の一員として必要な問題や現下の緊要な事柄等適切なものを取り上げ地方の実情に即するものとする」とされた[16]。

　具体的な教育内容としては、例えば、以下のような教科課程が例示されていた[17]。

①　教養科　民主主義の本質精神に関すること。

　　新憲法の精神及び新しい民法刑法の趣旨を徹底させること。

　　経済九原則その他現下の経済問題の理解に関すること。

　　新しい教育に関すること。

②　団体科　民主化向上には特に団体の正しい育成が必要であるから、団体科の課程を設ける。

　　民主団体のあり方、指導員及び団員の心構えに関すること。

　　団体の運営に関すること。

③　家庭科　婦人に限らず一般に民主的家庭のあり方を理解させる。

　　生活改善に関すること。

　　家庭管理に関すること。

　　学校教育、家庭衛生等に関すること。

④　産業科　各種産業技術の改良に関すること。

　　各種産業知識に関すること。

　それまでの「社会学級」「成人学級」は、どちらかというと、政治、経済、社会などの一般教養に重きを置いてきた傾向があるが、もっと地域の実情に即したもので、住民の生活に役立つ「私たち自身」の講座を開くことが求められたのである[18]。そこで、まず、地域の実情に応じて講座の内容が選択できるようなカリキュラムで、15回連続の成人講座が開設されることとなった[19]。この「社会学級」は、全小学校で開設することを目標に、1949年7月からはじまり、第1回の「社会学級」は、認定92校を含むのべ399校で開設された[20]。その後、愛知県では、「社会学級」の普及を、社会教育振

興施策のひとつの柱として推進することとなった[21]。

1950年度からは、「社会学級」を、青年を対象にした「青年学級」とに分けて開設することとなったが、「社会学級」と「青年学級」は、1950年度には、あわせて417学級が開設され、「社会学級」でのべ約90万人、「青年学級」には、のべ約50万人、計140万人あまりの県民が参加をしている[22]。

例えば、1949年度の「社会学級」の全体計画は次のようなものであった[23]。

＊昭和24年度社会学級全体教育計画

目　標………民主的人間

単元設定の基礎

（1）社会からの要求

　　民主的社会生活の原理

　　民主的社会生活を営む能力

　　民主的社会生活の経験

（2）個人の発達

教科課程

・社会からの要求　民主的社会生活の原理

（講座の部）

　「思想」

・社会からの要求　民主的社会生活を営む能力

（講座の部）

　「教養」

（政治　経済　社会　教育　科学文化）

　「団体」

　「家庭」

　「産業」

・社会からの要求　民主的社会生活の経験

（実際活動の部）

　「技能及び態度」

・個人の発達

（実際活動の部）

　「心」（趣味と教養）

　「体」（健康と体育）

必須教科

「思想」民主主義の本質（指導書及びテキスト作成）

「教養」

　　　政治……新しい憲法と私達の生活

　　　経済……九原則と私達の生活

　　　社会……生活の不安をなくする態度

　　　保健所と私達の衛生

「団体」私達の町村における団体のあり方

　　　規約と組織

　　　会議法・討論法

「家庭」楽しい家庭のつくり方

　　　子どもの心　家庭教育

「技能及び態度」自治会の運営　会議・討論

　　　レクリエーション（ラジオの扱い等）

「心」レクリエーション　劇　音楽

　　　名作鑑賞

「体」レクリエーション　遊戯　体操

選択教科

「教養」（指導書及びテキスト作成）

　　　政治

新しい民法　私達の町や村をいかに治めるか

経済　労働組合と労働法規

社会　青少年の不良化防止

教育　新しい学校と公民館

科学文化　科学と文化

「団体」委員会のあり方

「家庭」生活改善

　　　家庭の医学

「産業」日本の産業

「心」クラブ活動

選択教科

「教養」（資料のみ紹介）

政治　政治制度改革について

経済　食糧問題　経済法規の施行

社会　結婚改善　防犯防火　夏の衛生

教育　青少年の教育

「家庭」人体の生理　裁縫・家事一般

「産業」農業経営について

　　　農作物多収穫栽培法

　　　味噌、醤油のつくり法

「技能及び態度」…社会奉仕　その他

「心」見学

「体」運動会、遠足

　「社会学級」の講師、指導者については、「学校長、教職員が主体となり、社会教育委員、町村長、農業協同組合長その他、町村内の有力者、学識経験者、文化人などの協力を求めて学級の充実を期すること」、公民館との関係

については、「公民館を設置している町村にあっては之と緊密に連絡するは勿論、本学級の経営を公民館の事業として実施してもよい」旨が提示されていた[24]。

具体的な「社会学級」の取組みとしては、例えば『社会と教育』誌に、額田郡幸田村深溝社会学級の様子や成果が紹介されている[25]。

　　「毎月機関紙（タブロイド二頁活版印刷）を発行して、講義で足りなかったところを補強したり、実生活と講義との結びつきの手引きをしたり、真剣に社会学級を盛り上げているが、今までに会員がどれだけ成長したか、又どんな効果があったかを眺めてみる。出席の良好なこと。初回から何時も150名以上の出席者があり、少しも減らず増える一方で、毎回男子会員も出席している。成果発表ができるようになったこと。始めのうちは、面白くとも笑いをこらえ、悲しくとも顔に出さずしておったのだが、近頃は自分の思う事はどしどし発表出来、総ての会が活発になった。学区婦人の融和が出来、指導者の養成ができたこと。お互いの意見の発表交換から、皆の融和が出来、部落の改善向上に大きな力となった。又、幹部9名以下30名の役員が指導者としての苦心と尊い体験を得た。婦人部落小会が開かれるようになったこと。廃品更正、料理など部落内講師と膝をつき合わせての講習会、また時には幻燈会で年寄りや子供を喜ばせたり、女子供で海水浴をする等、こうなれば隣同志のいがみ合いもなくなるわけだ。時間が守れるようになったこと。教育に関心が高まったこと。学校の手伝いや、子供の雨具を持って学校へ来られても必ず教室に立ち寄って勉強ぶりを見ていかれる。社会事業が出来るようになったこと。敬老会、追悼会、貧困者への世話、学校への協力等実行に移されている」。

このような「社会学級」の開設によって、地域社会にどのような影響があったのか、『社会と教育』誌に掲載された1949年度の「実態報告」には、次のような点が指摘されている[26]。

まず第1に、新郷土建設の気運が盛り上がってきたことがあげられている。具体的には、「町村の改善に乗り出したり、町村政への協力というかたち」であらわれてきたことが指摘されている。

第2には、地域の住民が、学校、公民館における事業に「協力的」になってきたことが提示されている。

第3には、受講者の中に「愛郷心」がついてきた、教育の重要性を認識するようになってきた点が、「社会学級」による影響としてあげられている。具体的には、愛知郡豊明村や知多郡西浦町北地区においては、この学級がきっかけで、「郷土改善」にのりだした旨が記載されている。

3. 愛知県における視聴覚教育の推進

愛知県では、1947年4月から、軍政部によるCI＆E教育映画の巡回上映が行われていたが[27]、1948年5月には、東海北陸地区の視聴覚教育本部が名古屋に置かれると同時に、県内を22の地区に分けて、軍政部貸与のナトコ映写機30台と幻燈機16台が割り当てられ、県による視聴覚教育に関する活動が始められた[28]。すなわち、愛知県では、まず、軍政部による視聴覚機材の貸与によって、戦後の視聴覚教育が展開されていくこととなった。

県では、戦前からの映画教育協会を前身として、教育委員会の中に視聴覚教育係と、フィルムライブラリー係を置き[29]、また、地方組織として、地方事務所単位に視聴覚教育振興委員会を設け、さらに学区・町村レベルにも同委員会を組織して、ナトコ映写機の受け入れ体制を整えたのである[30]。

ナトコ映写機による映画の上映は、1949年1月18日までに、3,903回なされ、118万人もの観客を動員している[31]。ナトコ映写機による映画の上映にあたっては、「如何なる場合でも無償で貸与される映画其の他の材料を観覧する場合には入場料金は無料であること」等、軍政部から様々な条件がつけられていたが、その詳細は以下のとおりである[32]。

ナトコ映写機運営上の注意（軍政部）

1．貸与機材は貸与後も米軍の所有物

2．日本側機関から提出する報告書、受領証、申請書等は軍政部から総司令部へまわる。

3．映写機材の運搬は免許状所有者が必ず同伴し、映写はすべて免許状所有者によって行われる。この場合運搬の便宜及び宿泊所等は総て上映申請の町村又は団体に於て提供すること。

4．昼間に於る学校向けの上映巡回ルートの設定を奨励。

5．観覧料金　如何なる場合でも無償で貸与される映画其の他の材料を観覧する場合には入場料金は無料であること。但し上映される材料の入手に要した実費を償う限りに於て、入場料金を徴収してもよいが、利益を伴うものであってはならない。

6．日本側機関に於て入手した教育啓蒙映画も貸与映写機を用いて上映してもよいが予め軍政部の許可を得なければならない。

7．日本製の教育映画を購入することは望ましい事であるが、この場合、文部省教育映画等審査委員会の審査を通ったものであることがよい。

　ナトコ映写機によるCI＆E教育映画の上映は、主にアメリカンデモクラシー思想の普及を目的として行われたが、映画の上映は、当時、娯楽の乏しかった人びとに大いに受け入れられるとともに、単なる思想の普及にとどまらず、郷土建設や生活改善運動のきっかけになるような、住民の「意識啓蒙」に「大きな威力」を発揮することになったと言われている[33]。

　例えば、次にあげるようなCI＆E教育映画フィルムが準備されていた[34]。

　　・食生活…現在の食生活をめぐって道徳と経済のあり方についても取り扱われている。

　　・自由列車…列車内にアメリカ建国の貴重な記録を収集した大移動博物館を描いたもの。

・イギリス点描…イギリスの公共図書館、卵の包装等トピック的に編集してある。

・勉学の自由…今日のアメリカに於ける学校教育の実情を紹介したもので、特に如何に生徒たちが自由に豊かに勉学しているかを扱ったもの。

・公衆衛生…悪疫にかかって毎年多数の人々が倒れていくその媒介者としての蚊蠅蚤の駆除の重要性が描かれている。

・法律になるまで…アメリカの法律はどの様な形で提出され審議されて成立するか、国会の上院と下院及び大統領との関係を図解説明してある。

・地方自治の話…健全な地方自治運営の実際を具体的に解説したもの、地方官庁の機構、公安、公共事業、教育等が紹介してある。

・新しい教育…アメリカの民主主義教育の様子が実情を撮してしてよく描かれている。

・スポーツレビュー…フィルムスケッチとして、①ボーリング、②優勝馬、③野球が描かれている。

・アメリカの音楽…アメリカの音楽が如何に発達したか、古典音楽、近代音楽、ジャズ等を例として、分かり易く、一流のアメリカ芸術家の演奏も取り入れて説明してある。

・将来の設計…戦禍の英国が新しい都市計画をつくり、それを理解する復員者等が立ち上がる様子を紹介。

・世界ニュースフラッシュ…世界ニュースの紹介。

・明日への若人…YWCAの世界的な普及とこの組織による若者達の生活ぶりが紹介されている。

・山林を守る…山林保護の必要を説き、監督員の仕事等につき色々とスケッチしてある。

・ブラジル…ブラジルの現在に至る発展を、経済、政治、文化等により紹介している。

・メキシコ…メキシコの地勢、風俗、産業を紹介し、メキシコの成立の

過程を説明したもの。

・子どもと遊び場を…遊び場を与えられた子供達が、自然に社会生活を学び取ることを描いたもの。

・婦人は語る…現在アメリカの社会面で活躍している婦人をピックアップして紹介した、肩のこらない映画。

　この後、愛知県では、「社会教育の効果をあげるために、視聴覚的な方法を用いてどんどん啓発すること」[35] を社会教育推進の柱として、視聴覚教育を社会教育活動の中に積極的に取り入れていくこととなった。1948年11月には、稲沢において、愛知県・東海北陸地区視聴覚教育本部・名古屋市の主催で、全国視覚教育研究大会が開催され[36]、さらに、1952年2月には、犬山において、全国視聴覚教育研究大会がCI＆Eとの共催で開催されたが[37]、これらの大会が、愛知県の視聴覚教育をさらに大きく発展させることとなった[38]。下に掲げてあるのは、1948年11月開催の全国視覚教育研究大会の開催要綱である[39]。

全国視覚教育研究大会開催

　十一月五・六両日　稲沢で

　主催　　愛知県、東海北陸地区視聴覚教育本部

　　　　　名古屋市

　後援……文部省

　日時……昭和二三、一一、五

　　　　　昭和二三、一一、六

　場所……愛知県中島郡稲沢東小学校

　講演……「教育映画の制作と将来」

　　　　　　連合国軍総司令部民間情報教育局

　　　　　　フランクリン・ジャスソン

　　　　　「視覚教育の新発足と展望」

　　　　　　東京女高師教授

　　　　　　波多野完治
　　　　「ナトコ映写機の受入体勢について」
　　　　　文部省
　　　　「教育映画の配給と利用組織について」
　　　　　日本映画教育協会
　研究協議……1　ナトコ映写機の受入体勢について
　　　　　　　2　視覚教育全般について
　発表…………1　視覚教育の組織と運営　愛知県
　　　　　　　2　郷土社会と視覚教育活動
　　　　　　　　中島郡稲沢東小学校区
　　　　　　　3　新しい学習を目指す視覚教育の実際
　　　　　　　　中島郡稲沢東小学校

4．まとめに代えて

　以上、本章では、愛知県の戦後教育改革期の社会教育を特徴づけるものとされる「社会学級」を中心とする成人講座の普及と視聴覚教育の推進の取組みに着目し、その具体的状況を概観してきた。最後に、愛知県における成人講座の普及と視聴覚教育の推進の取組みが、戦後教育改革期における地域社会教育の形成に果たした役割を示して、全体のまとめに代えたい。

　まず、「社会学級」を中心とする成人講座の普及についてである。「実態報告」において示されていたように、「社会学級」を通じて、必ずしも明確ではないにしても、地域住民の中に少なからず郷土改善、村づくりの考え方が浸透していったといえるだろう。「社会学級」を主催したのは、ほとんどが小学校であったが、「社会学級」を通じて地域住民の郷土改善・村づくりの意識が高まったことは、例えば公民館活動等を展開していく上では、大きな影響力を及ぼすことになったと思われる。

第2章　戦後初期愛知県における地域社会教育の内容・方法　　41

　次に、視聴覚教育の推進についてである。愛知県では、視聴覚教育が積極的に推進され、社会教育の分野でも、大きな成果をあげることとなった。例えば、公民館の活動において、ＣＩ＆Ｅ教育映画の上映をはじめ、視聴覚教材を活用した活動が取り入れられ、さらに、社会教育用映画・スライドなどの視聴覚教材の制作が、公民館で自由に行われる[40]など、視聴覚教育の推進が、公民館活動の活発化につながったといえる。

　なお、史・資料の制約もあって、本章では、愛知県を事例とした、しかも、日本側の史・資料に限定した分析に焦点化している。戦後社会教育改革期の全国各都道府県の社会教育内容・方法に関する実像の解明と占領文書（ＧＨＱ関係史・資料）の分析を含めたダイナミックで総括的な研究を今後の課題として提示し、論を閉じたい。

【注】
1）例えば、小川利夫・新海英行編『ＧＨＱの社会教育政策—その成立と展開—』大空社、1990年など。
2）名古屋大学教育学部社会教育研究室『社会教育研究年報』創刊号、1977年を参照。
3）小川利夫「共同研究・東海戦後社会教育史によせて」東海社会教育研究会『東海の社会教育　特集：占領下岐阜県社会教育の証言』1987年。
4）勝田守一『教育学』青木書店、1958年、p.49。
5）島田修一・笹川孝一「長野県連合青年団運動史研究」津高正文編『地方社会教育史の研究』東洋館出版社、1981年、p109。
6）碓井岑夫「地域における『新教育』理論の受容過程について」国立教育研究所編『戦後教育改革資料の調査研究』1985年、p.97。
7）この点については、愛知県教育委員会社会教育課編集・発行の『社会と教育』誌（社会教育指導資料。当初、愛知県社会教育係編集・発行『社会教育時報』、のちに『あいち社会と教育』、1949年4月から『社会と教育』と改称）の至るところで指摘されている。例えば、『社会と教育』第67号、1952年9月号、p.14。
8）1947年10月24日に、文部省は「昭和22年度成人教養施設『社会学級』委嘱について」（社会教育局長）を通達し、それまで「両親学級」（母親学級）として実施されていたものを、「社会学級」と改称した。対象を親に限定せず、一般成人を対象として、新憲法の精神及び地方自治制度の精神の普及を目的とした「社会学級」を開催するよう指示したものである。これを受けて、愛知県でも、「社会学級」が

開設されることとなった。当時の社会教育課長・中島俊教によると、「開設当初は殆どが所謂教養講座で、講師のお話を恭しく承るだけのものであった。遠方から招いた講師は土地の実状も知らず抽象論を述べて、割り当てで仕方なく出席した聴衆は予定の時間だけを我慢するのに甚だ苦しんだ」とのことである。前掲『社会と教育』第66号、1952年8月号、pp.5-6。

9）中島俊教「戦後の社会教育を顧る　想出の記（1）」『社会と教育』第63号、1952年5月号、p.7。

10）『社会と教育』第30号、1949年7月号、p.4。

11）中島俊教「戦後の社会教育を顧る　想出の記（5）」『社会と教育』第67号、1952年9月号、p.7。

12）中島俊教「戦後社会教育の回顧」東海社会教育研究会『東海の社会教育』第21号、1978年、p.60。

13）『社会と教育』第28号、1949年5月号、p.10。

14）『社会と教育』第40号、1950年5月号、p.20。軍政部の命令で開講した「成人学級」は、中島俊教によると、「（『成人学級』の成功は、）社会教育関係者たちに勇気と自信を与えたことは、本県社会教育振興に寄与するところ洵に大なるものがあった」とのことである。中島俊教「戦後の社会教育を顧る　想出の記（1）」『社会と教育』第63号、1952年5月号、p.6。（　）内は引用者。

15）例えば、昭和24年6月4日付け幸田村長宛て「成人教養施設『社会学級』開設について」（愛知県教育委員会額田事務所長発額教号外）（ガリ版刷り文書）、愛知県額田郡幸田町立図書館所蔵。

16）同前。

17）同前。

18）中島俊教「戦後の社会教育を顧る　想出の記（1）」『社会と教育』第63号、1952年5月号、p.6。

19）『社会と教育』第30号、1949年7月号、p.5。

20）『社会と教育』第34号、1949年11月号、p.19。

21）「座談会・戦後東海の社会教育行政を語る」東海社会教育研究会『東海の社会教育』第21号、1978年、p.32。

22）『社会と教育』第51号、1951年4月号、p.8。

23）『社会と教育』第30号、1949年7月号、p.5、所収。

24）前掲、昭和24年6月4日付け幸田村長宛て「成人教養施設『社会学級』開設について」。

25）『社会と教育』第41号、1950年6月号、p.5。

26）『社会と教育』第37号、1950年2月号、pp.4-5、第38号、1950年3月号、p.6。

27）中島俊教「戦後の社会教育を顧る　想出の記（2）」『社会と教育』第64号、1952年6月号、p7。

28）勅使逸雄「証言　ナトコから家庭映画会まで」東海社会教育研究会『東海の社会教育』第21号、1978年、p.90。

29）『社会と教育』第32号、1949年9月号、pp.5-7。

30）例えば、「町村視聴覚教育委員会設立に関する件」（昭和22年12月10日付け、額視委号外額田郡視聴覚教育振興委員会会長　加茂得三郎）、愛知県額田郡幸田町立図書館所蔵。

31）「座談会・戦後東海の社会教育行政を語る」東海社会教育研究会『東海の社会教育』第21号、1978年、p.32。

32）軍政部「別記　ナトコ映写機運営上の注意」（ガリ版刷り文書）、愛知県額田郡幸田町立図書館所蔵。

33）勅使逸雄「証言　ナトコから家庭映画会まで」東海社会教育研究会『東海の社会教育』第21号、1978年、p.90。

34）「ＣＩＥ教育映画フィルム案内」（ガリ版刷り文書　愛知県教育委員会事務局）、愛知県額田郡幸田町立図書館所蔵。

35）「座談会・戦後東海の社会教育行政を語る」東海社会教育研究会『東海の社会教育』第21号、1978年、p.32。

36）『社会と教育』第22号、1948年10月号、p.9、『社会と教育』第24号、1948年12月号、p.9。

37）中島俊教「戦後の社会教育を顧る　想出の記（7）」『社会と教育』第69号、1952年11月号、pp.6-8。

38）同前。

39）『社会と教育』第22号、1948年10月号、p.9、所収。

40）例えば、中島俊教「戦後の社会教育を顧る　想出の記（7）」『社会と教育』第69号、1952年11月号、pp.7-9などを参照のこと。

44

第3章
戦後初期愛知県における公民館行政の動向

1．問題意識

　1980年代のいわゆる臨調・行革以降、臨時教育審議会による生涯学習体系化政策、1990年のいわゆる生涯学習振興整備法の施行、さらに昨今の急激な地方分権化と規制緩和にともなう社会教育法改正の動き等のなかで、社会教育行政の市町村主義の後退・社会教育行政の一般行政への一元化・社会教育施設の事業団委託化・社会教育職員の非常勤嘱託化など、戦後社会教育改革の基本的原則・すぐれて積極的な価値、すなわち、「社会教育の自由と自治」を後退させる政策が、いわゆる社会教育終焉論とも呼応しつつ矢継ぎ早に展開され、今日に至っている。このような政策動向のなかで、「社会教育の自由と自治」の理念のもと、自治的・創造的に蓄積されてきた社会教育実践の足跡を着実に継承、発展させることが、現状克服にむけての喫緊の課題といえよう。

　本章は、やや包括的にいえば、社会教育をめぐる今日的問題状況を以上のように捉えた上で、戦後社会教育改革の基本理念とその歴史的特質の解明に接近することを試みるものである。社会教育をめぐる今日的問題状況を、戦後社会教育の原点である戦後教育改革期に投げ返すことによって、その特徴やそこに存在する矛盾をより一層明晰に認識することができると考えるから

に他ならない。戦後社会教育の終焉が論じられ、戦後社会教育改革の理念、すなわち、「社会教育の自由と自治」が崩壊しつつあるときだけになおさらのこと、戦後社会教育改革の積極的意義を正当に再評価すべきときが来ていることを痛感する。

　本章では、社会教育の中心施設とされる公民館、すなわち、戦後初期公民館（1946年から1953年頃の公民館。以下、初期公民館、または、単に公民館と記す。）に注目し、その実像をより精緻に捉え、具体的諸相を明らかにすることを目的とする。戦後社会教育改革の一環として構想された公民館は、戦後社会教育改革の理念を集中的に具現し、戦後社会教育の新しさを象徴するものと考えられているからである[1]。

2．方法視角

　初期公民館に関する研究としては、公民館が戦後の社会教育施設の中心として登場したにもかかわらず、意外と少ないのが現状であるが、そのような中にあって、文部次官通牒「公民館の設置運営について」（1946年）を中心とした初期公民館構想に関する文部省レベルの政策論的・総論的研究、あるいは、初期公民館構想の実質的立案者・寺中作雄の「公民」概念に視点を据えた思想的研究がみられる。例えば、以下のようなものが注目される。①小川利夫「歴史的イメージとしての公民館―いわゆる寺中構想について―」（同編『現代公民館論』東洋館出版社、1965年）。②笹川孝一「戦後初期社会教育行政と『自己教育・相互教育』」（碓井正久編『日本社会教育発達史』亜紀書房、1980年）。

　ところで、初期公民館を検討する際、文部省レベルの政策論的・総論的研究や実質的立案者・寺中の思想的研究は、基本的には重要なことである。しかし、公民館は、文部省から設置の奨励と運営上の指導が行われたものである一方、その営みがすぐれて市町村を中心とする地域の住民の生活の場に密着

して行われるものである以上、それらは全国に画一的に成立するのではなく、具体的な地域の社会的・経済的・文化的諸要因によって、それぞれ独自の性格を帯びてくるはずである。「本来、教育はきわめて人間的な、しかも日常的な営みである。それは単なる観念でもなければ、一片の通牒でもない。中央行政の動きはむろん無視できないが、地域には地域の独自主張があり、工夫があり、とりくみがあることを忘れてはならない」[2]。したがって、初期公民館に関する研究方法としては、地域に深く分け入った実態分析、すなわち、中央行政とは相対的に独自な地域ならではの動態に注目し、地域独自の具体的な公民館の設立・運営過程の実像を実証的に明らかにする必要があろう。

　地域における初期公民館については、千野陽一や上田幸夫らを中心にこれまで研究がなされている[3]。ところが、それらの多くは、文部省レベルの政策の地域への浸透・定着過程の究明に重点が置かれており、また、全国のいくつかの公民館を断片的に対象としていることもあって、社会的・経済的・文化的な諸背景を異にした地域における具体的な公民館の設立・運営過程が総合的・本格的（トータル）に分析されたものとはいえない。

　さらに、公民館が、文部省—都道府県—市町村という行政ルートにより、設置の勧奨と運営上の指導が行われたという性質から、中央（文部省）と市町村を中心とする地域をつなぐ行政上のルートとして、都道府県の実態及び都道府県行政の果たした役割が、いまひとつ重要な分析対象となる。

　以上のような視点にたって、本章においては、愛知県を事例として、初期公民館の地域における設立・運営過程の実像を実証的に明らかにすることを目的とする。より具体的に述べるならば、戦後初期の愛知県において、公民館がどのようなかたちで受け入れられ、活動を展開していくことになったのか、愛知県の戦後初期社会教育行政全般の動きとあわせてみていくこととする。その際、愛知県の戦後初期社会教育行政の動きを示す史・資料のひとつであり、それによって戦後初期愛知県における社会教育行政の内容を概観することができると考えられる愛知県教育委員会社会教育課編集・発行の『社会と教育』誌（社会教育指導資料。当初、愛知県社会教育課編集・発行『社

会教育時報』、のちに『あいち　社会と教育』、1949年4月から『社会と教育』と改称）の分析をとおして、愛知県における戦後初期社会教育行政の動向を明らかにする。また、具体的な公民館の事例としては、愛知県の公民館設置第1号の碧海郡桜井村公民館を主に取り上げて、その成立と展開過程を概観することによって、愛知県における具体的な初期公民館の活動内容の特徴を明らかにする。

3．戦後初期愛知県の社会教育行政の動き
―― 公民館の設置を中心にして ――

（1）愛知県の戦後初期社会教育行政

　まず、戦後初期愛知の社会教育行政組織について見てみる[4]。

　1946年3月には、県の教学課の中に、社会教育係が置かれ、同年12月には、社会教育課が教学課から独立することとなった。さらに、1948年12月の「愛知県教育委員会事務局処務規則」制定にともなって、県教育委員会に社会教育部が置かれ、その中に、社会教育課と文化課が設置されることとなった。社会教育部長は、学校教育部長の依田百三郎が兼務し、社会教育課長には中島俊教が就任し、文化課長は、部長が兼務することとなった。このような組織により、視聴覚、芸術、文化財、図書館、宗教関係が文化課の所管、その他の社会教育関係の仕事が、すべて社会教育課の所管となったが、1950年8月には、中島社会教育課長が文化課長を兼ねることとなり、文化、社会教育の2つの課が、一本化されることとなった。

　愛知県には、1945年9月に第30軍政部が設置され、1946年4月には場所が愛知県庁内へ移り、また、1946年7月には、各県軍政部の上部組織である地方軍政部が名古屋市内に設置された。

　この間の愛知県における社会教育に関わる主な動きは、おおよそ以下のようであった[5]。

1945年12月頃から、各種の啓蒙講座が開催されていたが、軍政部の指導により、1947年5月に、第1回社会教育研究大会が開催されることとなった。また、1947年11月には、県連合青年団の結成、県視聴覚教育協会の発足があった。さらに、この頃から、CI＆Eによる映画の巡回映写が行われるようになった。1948年以降は、CI＆Eの指導による青少年指導者講習会及び伝達講習会、青少年指導顧問制度、研究青年団の設置、コミュニティ・オーガニゼーション・コンサルタント計画等が具体化され、1948年6月頃から、ナトコ映写機とフィルムの貸与が行われるようになった。1949年2月からは、軍政部の命令もあって、成人学級が開講されることとなったが、1949年7月からは、愛知県教育委員会主催の社会学級が全県的に取り組まれるようになった。さらに、「視聴覚教育の積極推進」という県の方針に従って、視聴覚教育を進める体制が徐々に整備されていった。

（2）戦後初期愛知県における公民館の設置

　以上のような社会教育（行政）全般の動きの中で、公民館はどのように位置づけられていたのであろうか。

　愛知県で初めて公民館が設置されたのは、碧海郡桜井村公民館で、1946年11月6日に設置された[6]。この時期に設置されたものとしては、1946年12月8日設置の碧海郡安城北部公民館、1947年2月10日設置の丹羽郡楽田村公民館がある[7]。

　愛知県では、社会教育法公布前の1949年3月1日現在の公民館設置率（公民館を設置している市町村の割合）は、約45％となっているが、これは、全国第17位の設置率である（ちなみに、全国第1位は福岡県90.6％、第2位佐賀県86.9％、第3位長野県74.4％で、全国平均は38％であった）[8]。

　愛知県の場合、1952年段階で、公民館設置率が69％であるが、その設置については、地域によって偏りがみられる。公民館の設置は三河部が中心となり、その設置率が90％であるのに対して、尾張部は40％をわずかに超える程度でしかない。三河部でも、東加茂、西加茂、幡戸の各郡部では、

100％の設置である[9]。

このように三河部での設置が進んだことの理由としては、次のようなことが考えられる。

第1に、三河部は愛知県内でも農村地域であるために、主として農村を対象として構想された初期公民館構想が受け入れられやすかった。第2に、三河部は、戦前から青年団活動がさかんな地域であったために、公民館活動を進める上での基盤が地域の中にすでに存在していた。第3に、三河部には早い時期から公民館が設置され、活発な活動が展開されており（1949年に県教育委員会から表彰を受けた優良公民館は、すべて三河部のものである）、それらの公民館活動が周辺の町村に影響を与えた。

（3）愛知県の初期公民館の活動

それでは、愛知県では、公民館にどのような活動が求められており、また、実際になされていたのであろうか。1949年から1951年の間に、県教育委員会の優良公民館表彰を受けた公民館の表彰理由から見てみよう。

愛知県の優良公民館表彰は、1949年に4館、1950年に3館、1951年に5館が表彰されている。1949年に表彰を受けた公民館の表彰理由は、以下のようなものであった[10]。

碧海郡桜井村公民館

「県下随一の多額の予算をもって公民館を運営し、殊に青年研修所の開設は全国まれにみる施設であり公民館の村の民主化のために果たした役割は大きく、その実績は本年度の各種選挙等に如実にあらわれている」。

丹羽郡楽田村公民館

「農村同志会を中心とした農業研究会並びに青年を中心にした農学の夕においては、保守的に旧伝統を抜けきれない農業経営について新しい合理的な経営によって研究実施をすすめつつある。特に今後の農村恐慌を前にして、

農業協同組合の運営を中心とした農産加工殊に飼育利用、果樹の栽培方面の進歩は著しいものがある。／月一回定期的に行うあけぼの会読書会の向学心に燃える有為の青年層は月々公民館に集まり、その真剣な読書と意見の交換は青年層の良識を高めている」。

碧海郡安城北部公民館

「各種団体と公民館との関係が特に良好で、いわゆる公民館が縁の下の力持ちとなって各種団体がそれぞれ独自の面目を発揮して、郷土文化の向上に活躍している状況は、他の範とするに足るものがある。なお、ほかに幼児教育に実績を示しつつあるという特筆すべき特色をもっている」。

宝飯郡一宮村大木公民館

「いわゆる煙仲間の精神をもった7名の運営委員が公民館を中心として、新郷土建設に精魂うちこんでおり、しかもその運営は世論調査をもとにして実に民主的であり、村の民主化と教養の向上に与えた効果は大きい。また、毎月継続して発行されている大木公民館報は村を明るくする道しるべとして大きな役割を果たしている」。

　これら公民館設置後の早い時期に表彰を受けた公民館の特徴としては、次のようなことがあげられよう。

　第1に、公民館が、「むらの自治的活動の拠点」とされている。例えば、一宮村大木公民館では、公民館が「新郷土建設」の中心に位置づけられており、桜井村公民館では、公民館活動により、村の民主化が進み、投票率の向上につながった旨が記載されている。

　第2に、公民館が、「生産活動の技術学習的拠点」として位置づけられている。例えば、楽田村公民館では、農業経営についての研究が取り組まれている。

　第3に、公民館が、「青年の学習・教育の場」として位置づけられている

ということである。例えば、桜井村公民館では、青年研修所を設けて活動を行っていた。また、楽田村公民館では、青年の組織する読書会が行われていた。

　以上のような県の優良公民館表彰を受けた公民館以外にも、愛知県の初期公民館の中には、さまざまな特色ある活動を行っていた公民館があった。例えば、碧海郡高岡村公民館では、風呂を設けて、湯上がりに講座を受講できるようにしたり、ミシンを20台ほど揃えて、和洋裁の講座を開催したりした[11]。また、南設楽郡鳳来寺村公民館では、公民館内に診療所を設置していた[12]。

（4）愛知県における公民館設置促進施策

　愛知県では、優良公民館表彰の他にも、公民館の設置を促進するため、1948年度から、運営研究指定公民館（実験公民館）を定めて、運営研究を行い、公民館長会議を開催して、その成果を発表し合ったり、その場で講演会を行うなどして、活動の促進を図った[13]。また、全国で初めて、社会教育宣伝自動車「白鳥号」を完成させ、移動公民館として県内を周り、公民館設置促進を呼びかけたりした[14]。さらに、公民館の設置促進と、より充実した活動の保障を求めて、1949年10月に碧海郡桜井村公民館で開催された東海・近畿2府7県公民館々長協議会公民館長会議の場において、専任職員の設置とその身分保障を求める決議を採択するなどした[15]。

4．戦後初期愛知県における公民館の設置の動向
——碧海郡桜井村公民館の動向——

　ここでは、碧海郡桜井村公民館の設置、運営過程、活動内容等について見てみることとする。桜井村公民館は、先に触れたように、愛知県下で初めて設置された公民館であり、愛知県の優良公民館表彰のみならず、1949年11

52

月には、全国優良公民館表彰を受けるなど[16]、活発な活動を展開した公民館であり、愛知県内において、先駆的役割を果たした公民館であったということができる。桜井村公民館は、その運営組織、活動内容等、様々な面で、周辺の町村はもとより、愛知県の公民館活動に大きな影響を与えることとなり、いわば愛知県の初期公民館活動の典型ということができるのではないかと思われる。桜井村公民館の設置、運営過程を検討することをとおして、愛知県の初期公民館活動の実像を明らかにしたい。

（1）桜井村公民館の設置

　まず桜井村公民館がどのような形で設置に至ったのか、その経過について見てみる[17]。

　桜井村に公民館が設置されたのは、1946年11月6日のことである。戦時中、旧海軍の基地建設にともなって建設されていた旧海軍病舎が、1945年8月の敗戦によって未完成のまま放置されていたものを、桜井村が譲り受けて移築をし、1946年11月から青年学校の独立校舎として使用されることとなった。1946年9月23日、青年学校の落成式において、県の視学官から公民館の設置趣旨、内容等が説明され、10月2日には、社会教育課の事務官が青年学校を視察した際に、文部省の方針、公民館の趣旨、運営等の指示がなされ、その場の懇談会の中で、青年学校を中心として、公民館を設置する気運が盛り上がったといわれる。そして、青年学校当局によって、公民館設立の原案が立案されることとなり、10月31日には、県主催の「碧海郡公民館設置促進協議会」が開催された。翌月（11月）1日に、村の憲法公布記念事業委員会において「公民館設置育成」が認定されることとなり、同日、村内各層代表者によって、第1回公民館設置委員会が開催された。そこでは、公民館館則、事業内容等についての協議がなされ、また、設置にあたり、村内各層・各部の代表者を運営組織の中に組み入れることなどが決定された。翌日の11月2日に、部落常会長会議が開かれ、公民館設置の趣旨について協議をし、11月6日に開館式を行うこととなった。

桜井村の公民館の設置に関して、例えば、次のようなことが、特徴点としてあげることができる。

第1に、公民館の設置が、青年学校との関連の中で提唱された点である。青年学校と一体化した活動が、公民館でなされようとしていた趣旨がうかがえる。

第2に、公民館の設置が、憲法公布の記念事業とされたことである。公民館の設置を通して、新日本建設（郷土振興）の気運を高めようとしたことが、垣間見える。

（2）桜井村公民館の運営

公民館の設置にあたっては、公民館設置委員会等の場で、「桜井村公民館々則」（以下、「館則」と記す）[18] と「桜井村公民館指針」（以下、「指針」と記す）[19] の内容が協議された。「館則」第2条では、「本館は桜井村々民並びに各種団体のすべてが平和的、協力的、民主的に親睦を図り産業を興し文化教養を豊かにし文化桜井村を建設する機関である」とされ、また、「指針」の中には、「公民館を立派に運営して理想郷土の建設をしたいと思う」と、公民館設置の目的が記されていた。

このように、公民館を、郷土振興の機関として捉える桜井村では、公民館の実際の事業を行う部として、当面、教養部、産業部、厚生部を設けることとされた（後に、青年部、婦人部が設置された）。その中でも、当初は、産業部と厚生部の活動にかなりの比重が置かれ、産業部としては、「作業場の設置」のほか、「農村工業としての工場経営」が目指され、また、厚生部においては、体育施設の充実が活動の目的として掲げられた。

公民館の運営にあたっては、「自主的、民主的な運営がなされなければならない」（「指針」）とされ、村民代表である運営委員で運営委員会を構成して、公民館の運営にあたることとされた。この公民館の運営委員は、公選によって選出されることとなっていた（「館則」第9条）。

また、公民館運営の財政は、「村費によってまかなわなければならぬ」

（「指針」）とされ、当初から公費による運営が方針として示されていた。

桜井村の公民館の建物については、当初は青年学校に併設という形であったが、青年学校の廃止後は、公民館の専用建物となった。公民館には、集会室、会議室の他、村内の団体に対して部屋が貸与されており、さらに館の中には公会堂が設けられていた。

公民館の財政状況は、表3－1のとおりである[20]。

公民館運営費は、桜井村では設置当初より村費による運営を方針としており、1948年度には、村予算全体の約12％、教育費の約36％が公民館費に充てられている。

表3－1　桜井村公民館の公民館費

	村の総予算 （ア）（円）	村　の 総教育費 （イ）（円）	桜井村 公民館費 （ウ）（円）	ウ／ア （％）	ウ／イ （％）
1946年度	669,285	180,451	11,945	1.8	6.6
1947年度	5,281,090	3,642,850	14,800	0.3	0.4
1948年度	2,122,480	681,100	245,000	11.5	36.0

※桜井村社会教育委員会『桜井村公民館』（1950年）から作成。

職員については、館長が村長兼任となっているが、主事については当初から「主事は常勤を本体とする」（「指針」）とされており、専任職員が配置されていた。

（3）桜井村公民館の活動

それでは、桜井村公民館はどのような活動を行っていたのであろうか。全国優良公民館表彰を受けた際の報告をもとにして見てみる[21]。

各部の事業内容の要点は、以下のとおりである。

教　養　部

・視覚教育、聴覚教育施設の利用計画を確立して、教養部各計画の効果能率をあげる。

・図書室の充実を図る。

・責任を持ち得ることを原則とした各種グループの育成。

・社会学級の運営。

産　業　部

・指導農場の拡充経営。

・農業改良助長法による農業改良普及員の活動を全面的に取り入れる。

・教養部と連携して農村恐慌に対処する研究計画を立てる。

厚　生　部

・簡易診療所の開設。

・とうふ、あぶらあげ、こんにゃくの委託加工、ならびに共同作業所の経営。

青　年　部

・桜井村青年研修所の経営に全力を注ぐ。

・青年の活動を助成する。

婦　人　部

・婦人の活動を活発にする。

・社会学級の全村化計画。

　桜井村公民館の活動で特徴点をあげるとすれば、それは、公民館の活動が、村づくり運動の中心に位置づけられていたということである。すなわち、桜井村は、1948年に、愛知県の新郷土建設委員会の新郷土建設町村に指定され、全村的な郷土計画が策定されることとなったが、その具体化の一環として、公民館の活動が位置づけられ、村予算の中でも、かなりの額が公民館費に充てられることとなった。

　具体的な活動としては、青年部の青年研修所の経営と、厚生部の共同作業所の活動を、特色あるものとしてあげることができよう。また、桜井村では、公民館が設置されて間もない頃から、事業計画の中に、「青年学校廃止に伴う青年指導計画」が加えられており、青年の養成に強い関心をもった機関として、公民館が位置づけられていたことがうかがえる。そこでは、青年幹部

の養成、青年団の指導、村内中学校生徒の指導などを目的として活動が展開された。その他、共同作業所では、手袋編靴下編作業が行われ、戦災者、引揚者等の「遊休労力」の救済活用を目的とした活動が進められていた。

5. まとめ

　以上、本章では、愛知県及び愛知県桜井村公民館を事例として、中央（文部省）と市町村を中心とする地域をつなぐ行政上のルートとしての都道府県行政が公民館設置に果たした役割及び愛知県の戦後初期の公民館設置状況を概観するとともに、中央行政とは相対的に独自な地域ならではの動態に注目し、地域独自の具体的な公民館の設立、運営過程の実像を明らかにしてきた。最後に、愛知県における初期公民館の位置づけ及び戦後初期愛知県において桜井村公民館の果たした役割を示して、全体のまとめに代えたい。

（1）愛知県における初期公民館の位置づけ
　愛知県における初期公民館の位置づけは、次のようにまとめることができる。
　第1に、公民館が社会教育の機関としてのみならず、「むらの自治的活動の拠点」「生産活動の技術学習的拠点」「青年の学習・教育の場」として位置づけられていたという点である。
　第2に、公民館が、一般行政との連携のもと、新郷土建設の中心に位置づけられていたということである。例えば、桜井村公民館において、公民館の活動が、愛知県の進める新郷土建設計画の中に位置づけられており、そのことによって、予算が多額となるなど、公民館が活動を推進する上でもプラスに働いたということである。

第3章　戦後初期愛知県における公民館行政の動向　57

（2）桜井村公民館の果たした役割

　愛知県で初めて設置された桜井村公民館が、愛知県の公民館活動振興の中で果たした役割については、次のようにまとめることができよう。

　桜井村公民館では、郷土振興、産業振興、自治振興、福祉事業、青年指導等に関わる幅広い活動を展開しており、愛知県内における初期公民館の先駆的役割を果たしたといえる。額田郡を例にとれば、郡内で公民館の設置を促進する際に、各町村の代表が、桜井村公民館を視察している場合が多い。また、桜井村公民館で行われていた青年研修所の事業は、後になって碧海郡高岡村など、他のいくつかの町村が、公民館事業の中に取り入れており、桜井村公民館の活動が、他の町村にかなりの影響力を及ぼしていったものと考えられる[22]。

　また、桜井村公民館は、愛知県の初期公民館活動の中心的存在であったということができる。例えば、1949年10月に東海・近畿2府7県公民館々長協議会公民館長会議が開催されたが、この協議会の会長を務めたのが桜井村公民館長であり[23]、1951年11月に結成された愛知県公民館連絡協議会の副会長も、桜井村公民館長が務めることとなった[24]。

　桜井村公民館は、戦後初期の愛知県において、初期公民館活動の典型的モデルであったといえるであろう。

（3）今後の研究課題

　今後の研究課題としては、初期公民館の地域における実態のさらなる実証的研究の必要性があげられる。中央行政とは相対的に独自な地域ならではの動態に注目し、地域独自の具体的な公民館の設立、運営過程の実像を明らかにするという意味で、本章では愛知県桜井村公民館をとりあげたが、それ以外の地域の初期公民館にも注目する必要があろう。とくに、公民館事業の内容分析に一層力をいれ、初期公民館活動が、全体として、どのような教育的価値の実現過程であったのか[25] を、さらに深く究明していくことが必要であろう。地域に特有の、社会的、経済的、文化的特性をトータルに掘り下げて、その中で公民館活動がどのようなかかわりをもっていたのか、すなわち、

地域独自の基盤も視野にいれながら、初期公民館定着の民衆的基盤をえぐり出し、初期公民館の具体的な展開過程の実像をより一層明らかにしていくことが、今後の課題となろう。

【注】

1）宇佐川満「公民館構想について」『大阪学芸大学紀要　9』1968年、小林文人「公民館の制度と活動」国立教育研究所編『日本近代教育百年史8　社会教育（2)』教育研究振興会、1974年など。

2）小川利夫「共同研究・東海戦後社会教育史によせて」東海社会教育研究会『東海の社会教育　特集：占領下岐阜県社会教育の証言』1987年、山田順一「戦後東海社会教育史―占領期社会教育民主化の性格に関する考察―」東海社会教育研究会『東海社会教育研究会会誌』第16号、1973年、p.9。

3）例えば、千野「初期公民館活動の性格」小川利夫編『現代公民館論』東洋館出版社、1965年、千野・上田「初期公民館の地域定着過程―『次官通牒』から設置普及期まで―」『東京農工大学一般教育学部紀要』第19巻、1983年、上田「初期公民館における『併設』配置の特性―初期公民館の地域定着過程の研究―」『東洋大学文学部紀要』第36集、教育学科・教職課程篇、1983年、上田「初期公民館における職員の形成過程に関する一考察」『日本社会教育学会紀要』No.20、1984年、上田「初期公民館の財政基盤に関する研究―主として人件費をめぐって―」『東洋大学文学部紀要』第37集、教育学科・教職課程篇、1984年など。

4）戦後初期愛知県の社会教育行政の動きについては、主として愛知県教育委員会社会教育課編集・発行『社会と教育』（当初、愛知県社会教育課編集・発行の『社会教育時報』のちに『あいち　社会と教育』、1949年から『社会と教育』に改称）に基づいた。

5）戦後初期愛知県における社会教育に関わる主な動きは、前掲『社会教育時報』、『あいち　社会と教育』、『社会と教育』に基づいた。

6）『社会と教育』第34号、1949年11月号、p.8。

7）『社会と教育』第27号、1949年4月号、p.5。

8）『社会と教育』第31号、1949年8月号、pp.10-11。

9）『社会と教育』第63号、1952年4月号所収、「愛知県における公民館の地域別設置率」より。

10）「昭和24年度愛知県優良公民館表彰」『社会と教育』第27号、1949年4月号、p.5、「昭和25年度愛知県優良公民館表彰」『社会と教育』第40号、1950年5月号、p.6、「昭和26年度愛知県優良公民館表彰」『社会と教育』第59号、1951年12月号、p.6。

11）『社会と教育』第31号、1949年8月号、p.10、『社会と教育』第33号、1949年、10月号、p.7。

12）『社会と教育』第36号、1950年1月号、p.7。

13）『社会と教育』第33号、1949年10月号、p.6。

14）『社会と教育』第32号、1949年9月号、p.4。

15）「東海・近畿2府7県公民館々長協議会における決議文」、『社会と教育』第34号、1949年11月号、p.11及び社会教育連合会編集・発行『公民館月報』1949年11月号、p.5。この公民館長会議の模様は、次のように伝えられている。「東海・近畿ブロック公民館長会議は10月17日、18日、愛知県桜井村公民館で開催、文部省より山室社会教育施設課長、森岡事務官、社会教育連合会より松田参事出席。兵庫県の欠席を除いて、各府県公民館関係者50余名出席。／2日間を通じて特に問題となった点は、部落公民館と分館、公民館類似施設の問題であった。前者については町村への移管の措置、後者については文部省がもっと積極的に類似施設を禁止する規定の必要があるとの意見があった」。『公民館月報』1949年11月号、p.5。

16）前掲『公民館月報』1949年11月号、p.3。表彰理由については、次のように述べられていた。「青年教育と不離一体の公民館運営が行われている。新郷土建設委員会を基軸として、ここに付設された青年研修所が中心的な事業である。これらの事業も着々と実績をあげ、村全体に教育的雰囲気がみなぎっている。社会学級の全村化、巡回文庫、長期農業講座、農産加工、生活改善などが計画され、土地の人々の必要をみたしている。なお、独立図書館、郷土博物館、簡易診療所、貯水槽などの設置も計画化され、文化農村の建設に努力している」。『公民館月報』1949年11月号、p.3。

17）以下、桜井村社会教育委員会が1950年1月に発行した『桜井村公民館』と題する小冊子及び桜井村公民館「新しい村づくりと桜井村公民館の運営」（1947年文書）を参考とした。桜井村公民館に関する記述は、とくに注を付しているもの以外、これらの史・資料に基づいた。

18）「桜井村公民館々則」（1946年11月5日付け文書）。

19）「桜井村公民館指針」（1946年11月5日付け文書）。

20）前掲『桜井村公民館』から作成。

21）『社会と教育』第34号、1949年11月号、p.8。

22）『社会と教育』第41号、1950年6月号、p.10。

23）『社会と教育』第34号、1949年11月号、p.11。

24）『社会と教育』等60号、1952年1月号、p.7。

25）島田修一・笹川孝一「長野県連合青年団運動史研究」津高正文編『地方社会教育史の研究』東洋館出版社、1981年、p.109。

第4章
戦後初期愛知県における公民館活動の動向
── 額田郡幸田村の動向 ──

1．本研究の課題と方法 ── 課題意識──

　とりわけ1980年代以降の臨時行政調査会による行政改革のもと、憲法・教育基本法制下で創造、蓄積されてきた「権利としての社会教育」は、危機的状況に追い込まれてきたといえる。臨時教育審議会による教育改革提言「生涯学習体系への移行」の政策化、1990年のいわゆる生涯学習振興整備法の施行、昨今の急激な地方分権化と規制緩和にともなう社会教育法改正への動き等のなかで、戦後社会教育改革の民主主義的諸原則の否定・廃棄をめざす政策が、いわゆる社会教育終焉論とも呼応しつつ矢継ぎ早に具体化され、今日に至っている。「社会教育の自由と自治」といった戦後社会教育のすぐれて積極的な教育的価値が、いま存廃の岐路に立たされているといっても過言ではないだろう。こうした状況の中で、戦後教育改革、とくに戦後社会教育の骨格が形成された戦後初期の社会教育改革の実像をより精緻に捉えることが、これまで以上に重要な課題となってきている。

　こうした課題意識のもと、近年においては、例えば、名古屋大学教育学部社会教育研究室（以下、名大社教）が、戦後初期、とくに占領期社会教育改革に注目し、連合国軍最高司令官総司令部民間情報教育局（GHQ／SCAP・CI＆E）を中心とする関係文献・文書の分析を通して、占領政策の

第4章　戦後初期愛知県における公民館活動の動向——額田郡幸田村の動向——　　*61*

一環としての社会教育政策の解明に取り組んできている（以下、名大占領期研究と記す）[1]。名大占領期研究は、CI＆Eの社会教育政策の実像を実証的、かつ問題構造的に捉え、占領軍の社会教育改革の意義と限界を解明したものであり、そのことを通して戦後社会教育改革の実像をより精緻に解明した先駆的研究成果である。ところが、名大社教自身も指摘するように、名大占領期研究においては、「地域に深く分け入った実態分析」、すなわち、中央とは相対的に独自な地域ならではの動態に注目する視点は、やや希薄であった[2]。「本来、教育はきわめて人間的な、しかも日常的な営みである。それは単なる観念でもなければ、一片の通牒でもない。中央行政の動きはむろん無視できないが、地域には地域の独自主張があり、工夫があり、とりくみがあることを忘れてはならない」であろう[3]。戦後社会教育改革の実像をより精緻に捉えるためには、国際的な視野のもとに、しかも地域における住民の民主的主体形成の営為を基軸にすえつつ、その歴史的特質を析出することが必要であると思われる。

　以上のような問題意識にたち、本章は、戦後社会教育改革研究の一環として、中央とは相対的に独自な地域の実態に注目し、その視角から、戦後社会教育改革の実像の解明に接近することを試みるものである。その際、戦後社会教育の中心施設とされる公民館、すなわち、戦後初期公民館（1946年〜1953年頃の公民館。以下、初期公民館、または、単に公民館と記す）をめぐる動向に注目する。なぜならば、戦後社会教育改革の一環として構想された公民館は、戦後社会教育改革の理念を集中的に具現し、戦後社会教育の新しさを象徴するものと考えられているからである[4]。

　本章は、紙数の関係上、愛知県の事例、その中でも、戦後初期の愛知県において活発な活動を展開していた額田郡幸田村の公民館の事例に絞り、その成立・運営過程を素描することを通して、愛知県下の公民館をめぐる地域史的実態の一部を実証的に明らかにすることを主な目的とする。

2. 戦後初期愛知県の社会教育行政の動き
——公民館の設置を中心にして——

　まず、戦後初期愛知県の社会教育行政組織について見てみる[5]。

　1946年3月には、県の教学課のなかに、社会教育係が置かれ、同年12月には、社会教育課が教学課から独立することとなった。さらに、1948年12月の「愛知県教育委員会事務局処務規則」制定にともなって、県教育委員会に社会教育部が置かれ、その中に、社会教育課と文化課が設置されることとなった。社会教育部長は、学校教育部長の依田百三郎が兼務し、社会教育課長には中島俊教が就任し、文化課長は、部長が兼務することとなった。このような組織により、視聴覚、芸術、文化財、図書館、宗教関係が文化課の所管、その他の社会教育関係の仕事が、すべて社会教育課の所管となったが、1950年8月には、中島社会教育課長が文化課長を兼ねることとなり、文化、社会教育の2つの課が、一本化されることとなった。愛知県には、1945年9月に第30軍政部が設置され、1946年4月には場所が愛知県庁内へ移り、また、1946年7月には、各県軍政部の上部組織である地方軍政部が名古屋市内に設置された。

　この間の愛知県における社会教育・公民館に関わる主な動きは、おおよそ以下のようであった[6]。

　1945年12月頃から、各種の啓蒙講座が開催されていたが、軍政部の指導により、1947年5月に、第1回社会教育研究大会が開催されることとなった。また、1947年11月には、県連合青年団の結成、県視聴覚教育協会の発足があった。さらに、この頃から、CI＆Eによる映画の巡回映写が行われるようになった。1948年以降は、CI＆Eの指導による青少年指導者講習会及び伝達講習会、青少年指導顧問制度、研究青年団の設置等が具体化され、その他、ナトコ映写機とフィルムの貸与が行われるようになった。1949年2月からは、軍政部の命令もあって、成人学級が開講されることとなったが、1949年7月

第4章　戦後初期愛知県における公民館活動の動向——額田郡幸田村の動向——　　63

からは、愛知県教育委員会主催の社会学級が全県的に取り組まれるように
なった。

　愛知県で初めて公民館が設置されたのは、碧海郡桜井村公民館で、1946年
11月6日に設置された[7]。この時期に設置されたものとしては、1946年12
月8日設置の碧海郡安城北部公民館、1947年2月10日設置の丹羽郡楽田村
公民館がある[8]。

　愛知県では、社会教育法公布前の1949年3月1日現在の公民館設置率
（公民館を設置している市町村の割合）は、約45％となっているが、これは、
全国第17位の設置率である[9]。

　愛知県の場合、1952年段階で、公民館設置率が69％であるが、その設置
については、地域によって偏りがみられる。公民館の設置は三河部が中心と
なり、その設置率が90％であるのに対して、尾張部は40％をわずかに超え
る程度でしかない。三河部でも、東加茂、西加茂、幡戸の各郡部では、
100％の設置である[10]。

3. 戦後初期幸田村における社会教育活動と 公民館の設置

　幸田村の戦後社会教育活動のはじまりは、1948年1月の社会教育委員会設
置にあるといえる。

　1945年12月1日の「文部省訓令　社会教育委員規程」に基づいて、文部
省に20名の委員が設置されたのに続いて、1946年5月31日に、「都道府県社
会教育委員並びに市町村社会教育委員設置について」（発社93号文部次官）
が通達され、愛知県では、1947年10月に社会教育委員が配置された[11]。

　幸田村では、1947年8月16日に額田郡地方事務所から、各町村宛てに通
達された「町村社会教育委員の設置について」を受けて、10月23日に社会
教育委員の委嘱を行い、一部の辞退者があったものの、12月19日に村社会

教育委員会の結成式を行っている[12]。そして、「幸田村社会教育委員会規程」
（以下、規程と記す）を設け、それに基づいて、委員会の役員を1948年1月
10日付けで委嘱して、活動をはじめるところとなった。社会教育委員会の
活動は、規程第5条によると、「社会教育の刷新・振興に関し、具体的方策
を審議する」とともに、「当局に対し、助言をなし方策の実践を図り」、また
「各種教養団体の指導連絡」を行うというものであり、当時の社会教育委員
会は、村の社会教育活動の企画を行う中心機関であると同時に、活動を推進
していく上での実行機関としても位置づけられていた。幸田村の社会教育委
員の構成については、郡地方事務所から、「社会教育委員に選出して頂く顔
ぶれの参考」が提示されており、これを参考に構成されたと思われるが、例
えば、村長、村議会議長の他、各地区の部落主事等が委嘱されており、村内
の学校の教員（学校長が5名）とともに、委員会内で占める割合が大きい。
村内の諸団体においては、特に青年団から2名選出されている。また、委員
の他に、各地区の部落主事が支会長とされ、顧問として県議会議員、巡査部
長、駅長等が委嘱されている。

　村の社会教育活動は、この社会教育委員会が中心となって進められること
となったが、初めての委員会の場での議題は、「事業の件、予算の件、婦人
会結成の件、その他」となっており、村の社会教育全般についての検討がこ
の場でなされた。

　当時村学務課で社会教育を担当し、後に公民館職員となった志賀又郎によ
ると、敗戦直後の幸田村にあっては、「食糧増産」「生活改善」「民主主義の
普及」「衛生問題」「文化的活動の振興」等が大きな課題になっていたという。
志賀は、次のように回想する[13]。

　　「食糧事情が悪く、食糧が非常に不足していた。食糧危機のなかで、食糧増
　産と農業復興がまず課題であった。（中略）生活に関しても、これまでの不合
　理な形態から合理的な形へ改めていくこと、そして、村の封建的な因習を打
　破し、民主主義を普及すること、（中略）さらに農家の衛生に関すること、農
　家では牛や豚を飼っていたので、蚊や蠅、ねずみを駆除し、衛生的な環境を

第4章　戦後初期愛知県における公民館活動の動向——額田郡幸田村の動向——　　65

つくること（中略）、とくに青年らの娯楽、文化的活動の振興。これらが大きな課題となっていた」。

　「食糧増産と農業復興」に関しては、1947年に村立の研究農場を発足させ、後に農業改良普及員を設置するなどして農業経営の指導にあたったり、また、青年の活動については、1947年頃から学区青年団が形成され、奉仕活動や演劇活動などの「文化的活動」を行っていた。しかし、「地域にうずまく」、「食糧増産」「生活改善」「民主主義の普及」「衛生問題」「文化的活動の振興」等の課題に、「組織的・合理的に取り組む場」はなく、研究農場や青年団における活動も「種々支障もでてきて思うようにいかなかった。ちょうどその頃文部省や県より公民館の設置の奨励がなされ、その内容が求めていた学習の場としての内容と一致していたので」、公民館設置についても、既述の社会教育委員会のなかで検討、設立準備が進められることとなり、委員会における討議を経て、1948年5月1日に、幸田村役場内の一隅に公民館が設置されることとなった[14]（以下、村公民館、あるいは、中央公民館と記す）。

4．幸田村公民館の歴史的位相

　設置された村公民館は、当初、専用の建物、館則等もなく、社会教育委員会の打ち合わせに利用される程度であった[15]。したがって、幸田村における公民館活動の実質的な始まりは、村公民館設置から2か月後の、7月1日に村内大草部落に大草部落公民館が設置されてからであるといわれている[16]。1948年には、大草に続いて、8月1日、東部部落に東部部落公民館、10月5日、荻部落に荻部落公民館が設置された（以下、各部落に設置された公民館を部落公民館、あるいは、分館と記す）。

　こうした部落公民館は、1949年の社会教育法公布・施行を受けて村の公民館に関する条例等ができるまでに、計5館が設置された。部落公民館の活動

内容は、教養主義的な学級・講座にとどまらず、農業経営、生活改善、公衆衛生、有線放送設備設置等、多岐にわたっている。

　社会教育法制定後、部落公民館は、分館へと位置づけが変わっていくが、幸田村の公民館活動の中心は、これら部落公民館（分館）の運営・活動にあったといえる。

　ところで、幸田村では、1949年6月の社会教育法の制定を受けて、1949年12月の村議会で、公民館運営に関する条例等を定めて運営組織の改革を行っているが、そこでは、それまで村の社会教育活動の中心となってきた社会教育委員を解職し、かわって、公民館運営審議会委員と同一のメンバーを改めて社会教育委員に委嘱し、社会教育活動の企画・立案、審議、運営の中心とした。

　村の条例制定によって初めて法的根拠をもった公民館は、規則で部制を設けて活動を展開していくこととなった。施設の面でも、1951年に鉄骨3階建ての中央公民館を新築している。この時期は、分館の活動に加えて、中央公民館の部においても事業が進められており、視聴覚教育、成人学級、社会学級、青年学級、村の中心にある紡績工場での勤労者学級などに取り組むこととなった。

　この間、1948年、1949年には、部落公民館（1948年大草、1949年東部）が、1950年から1953年までは、村公民館（中央公民館）が、県教育委員会から運営研究公民館の指定を受け、1951年6月には額田郡地方事務所から、また、1951年11月には県教育委員会から優良公民館表彰を受けた。さらに1953年11月には、①分館の各戸への有線放送設備設置、②分館活動、視聴覚教育、生活改善運動への取組み等が評価され、文部大臣から全国優良公民館として表彰されている[17]。

第4章　戦後初期愛知県における公民館活動の動向──額田郡幸田村の動向──　　67

5. 幸田村における公民館の設置とその特色

(1) 村公民館と部落公民館の設置

　幸田村に公民館が設置されたのは、1948年5月1日であったが、村公民館と部落公民館の設置に至るまでの経過を、もう少し詳細に見てみることとする[18]。

　先にも触れたように、幸田村の初期の社会教育活動の中心となったのは、社会教育委員会であった。村の公民館の設置についても、この委員会の場で検討されることとなった。

　ところで、社会教育委員会の設置に関する通達と同時に愛知県内各町村には「愛知県社会教育の方針」（各町村長宛て）と題する文書が配布されているが[19]、その中に、「二、施設の拡充強化」の項目中、「（一）強化拡充しようとする施設の種類　第一類　如何なる町村でも急速に完備すべきもの」として、「総合施設としての公民館」の設置が取り上げられている。また、郡全体の社会教育委員の会議において、町村の社会教育委員に対して公民館の設置状況の報告を求めたり、1948年1月に開催された郡全体の社会教育委員会では、議題の中で「強力に推進する」事項として、「公民館の設置促進」が掲げられるなど、各町村社会教育委員会に公民館設置の協力が呼びかけられていた。さらに、1948年3月には、郡内各町村社会教育委員1名ずつが、愛知県の公民館設置第1号であり活発な活動を行っていた碧海郡桜井村公民館を合同視察している。

　こうした郡全体の公民館設置推進の動きの中で、幸田村内でも公民館設置が本格的に検討されていくこととなった。村の社会教育委員会の定例会の中では、毎回、公民館の設置促進が協議されていた。しかし、公民館の設置については、委員会の内部でも、少数ながら反対の意見が示されていたようである。この点について、例えば志賀又郎は、1953年の『公民館報告書』の中

で、次のように記している[20]。

> 「極めて少数であるが、面倒だからという頽廃的の者、従来のように天降り式
> 御用党となりがちだとの心配家……等に戦後の再建は公民館運動でなければ
> ならないことを事実により懇ろに語り合い了解を求め、納得してもらえ、単
> なる杞憂にすぎなかった」。

　「天降り式御用党となりがちだ」との指摘に顕著に現れているように、公
民館の設置にあたっては、公民館のもつ「権力の上からの意図の伝達機関と
しての性格・機能」に対する拒否反応もあったが、一方で、設置に先だって
は、桜井村公民館の視察内容を委員会の場で詳細に報告をするなどして、公
民館が実質において地域の学習・教育活動を担う住民の参加を求めつつ、食
糧増産、生活改善、衛生問題等地域住民の「リアルな生活要求」を満たす学
習・教育活動を産み出す場として機能することを「懇ろに語り合い」、公民
館設置に向けての気運を高めていったのである[21]。
　こうして、1948年5月1日に、村役場の一隅に、村公民館を設置する運び
となったが、部落公民館については、当時幸田村社会教育委員として社会教
育活動に関わっていた石川庄平によると、「村で公民館活動をするにも、予
算がないし、建物もすぐにはできないであろうから、まず、各部落に公民館
をつくれるところからつくっていこう」[22] ということになったようである。
財政的に許される範囲内で、例えば、1948年7月1日に大草部落、8月1日
に東部部落、10月5日に荻部落、1949年7月24日に岩堀部落、10月5日に
久保田部落など、順次、部落公民館が設置されることとなった。

（2）公民館財政－公民館関連予算－

　まず、村全体の財政状況について見てみる。幸田村には、繊維工場がいく
つかあり、とくに1946年に進出した三菱系の会社は、創業当初は、占領軍
向けの物資の生産を行っていたが、1950年には企業再建整備法に基づき、新
光レイヨン株式会社（1952年に三菱レイヨンと改称）として発足し、紡績部

門への増強をはかり、紡績錘数約7万台という日本有数のレイヨン工場へと発展した。当時は、「ガチャマン」といわれたほど、繊維工業の景気がよく、生産の拡大とともに、三菱レイヨンをはじめ、村内の企業からは、かなりの額の租税が納められることとなった[23]。このため、村の財政は豊かなものとなり、また、村が社会教育活動を重視していたこともあって、とくに1950年度以降、社会教育関係予算－ひいては、公民館関係予算－が、かなりの額で確保されることとなったのである[24]。

　例えば、1948年度予算においては、「借家及損料」という名目で、部落公民館への助成金（年額10,000円）と備品費として公民館用図書費（年額6,000円）が計上されるにとどまっていたが、1950年度予算においては、村全体予算の5％、教育関係予算の約20％を公民館関係予算が占めている。また、1952年度予算においては、公民館関係予算が200万円を超え、村民1人当たりに換算すると、143.7円と多額となっている。1952年当時行き詰まりを見せはじめていた公民館活動を前進させるためには、住民1人当たり100円を超える予算確保が必要であるといわれていた中で[25]、幸田の予算はその大台を超えていたのである。

（3）施設・設備

　村（中央）公民館の設備としては、産業器具、視聴覚機材が整えられていたことを、特徴としてあげることができる[26]。産業器具のうち動力噴霧器は村内での消毒用に使われ、土壌酸度検定器は施肥の研究に使用された。また、視聴覚機材として、録音機や幻燈機が設置されていた。村の社会教育の方針として、視聴覚的教育手法を取り入れた活動を行うことが掲げられており、石川によれば、当時、町村レベルで録音機や幻燈機を保有しているところはほとんどなく、村の視聴覚教育活動、とりわけ、分館でのスライドづくり等に大きな威力を発揮することとなった[27]。特に幻燈機に関しては、「幻燈機貸し出し規程」を1949年3月に定めて、住民に対して無料貸し出しを行っていた[28]。

また、幸田では、公民館図書室の蔵書が、かなりの数にのぼっていたことも特徴としてあげることができる。1952年度の全国優良・準優良公民館の蔵書数が、平均3,020冊で、公民館が目標とする図書活動を行うための最低必要冊数が3,000冊といわれていた中で[29]、9,435冊もの蔵書を有していたのである。

村が施設としての公民館をもつようになったのは、1950年1月からである。1950年1月28日に県に提出された「公民館調査書」によると、「専用、改築1階建て、建坪30坪、間取りは、集会室20坪（畳敷き）、控え室1.5坪、土間6坪（学務係）」と報告されている[30]。

村の公民館が新築されたのは、1951年5月である、鉄骨3階建てで、改築の木造平屋建てに加えて、406坪の広さをもっていた。この建物は、幸田村中学校体育館（講堂）と兼ねていたもので、2階部分が講堂で舞台が設けられ、3階部分には映写室があった。公民館は、主として1階部分を使用し、そこには集会室、湯沸室、和室が2間（8畳、10畳各1）設けられていた。木造平屋建ての建物は、「幸和寮」と呼ばれ、各種の会議がもたれるなどして公民館活動の中心の場となっていた。

6．部落公民館の設置、運営

（1）部落公民館の設置と運営組織

次に部落公民館の設置と運営組織について、大草部落公民館を例にして見てみる[31]。既述のように、大草公民館は1948年7月1日に開館したが、管轄範域としては大草と高力の2つの地区を含む形で活動が始められた。2つの地区は、合わせて360戸で、規模としてはかなり大きな範域を含んでいた。大草部落公民館では、その設置にあたり公民館館則を設けている。館則の特徴としては、次のような諸点をあげることができる[32]。

① 公民館の性格を、「住民総てが民主的に親睦を図り文化教養を豊かに

第4章　戦後初期愛知県における公民館活動の動向——額田郡幸田村の動向——　71

　　し産業を興し文化理想郷を建設する機関である」とし、部落振興の総合
　　機関として位置づけている。
② 　運営にあたっては、部制を設けている。
③ 　「事業の企画運営予算決算の審議」を公選で選ばれた運営委員が行い、
　　また、運営委員は館長を推薦するものとされている。
④ 　館運営の経費を住民の負担金、寄附金等にも求めている。
　公民館の運営組織は、職員15名（館長1名、主事3名、部長3名、幹事
7名、会計1名）、運営委員が36名となっている。運営組織図は、図4‐1
のとおりである。各々の任務について、館長は、「本館を代表し、館務を総
理する」ものとされ、主事は、「館長を補佐し、事業の計画運営指導と事務
の処理に当たる」とされた。また、部長は、「所属部を代表し、その部一切
の計画運営と事務を処理する」、会計は、「会計事務を掌る」、幹事は、「館長
の命を受けて事務を掌り、或いは、部長の命により部事業の遂行を掌る」、
運営委員は、「館長を推薦し、事業の企画運営予算決算の審議を行い、館長
の諮問に応じ之を補佐する」ことが、それぞれ任務とされていた。
　運営委員は、①部落内の有力者（村会議員など）、②部落の自治組織の代
表（実行組合長、消防団長）、③部落内の産業組織の代表（農業協同組合長、
指導農場の長、搾油組合長）、④婦人代表、⑤青年代表、⑥その他、共同募
金会委員長、農村組合代表、県防疫要員といった幅広い層から選出されてい
た。とくに、青年代表が、各部の幹事に併任され、事業の執行にあたってい
たことは、青年層の活動を公民館が重視していた事実を実証するものとして

図4‐1　大草部落公民館の運営組織図
（出典：「大草部落公民館の組織」ガリ版刷り文書）

注目できる。また、婦人代表と女性の青年代表を合わせて、女性が全体の委員数の6分の1を占めていたことも特徴のひとつとしてあげることができる。

　大草部落公民館では、運営委員の数が多いため、運営委員会の中にさらに役員会を組織し、また、各部の中にも役員会を設置するなどして活動を進めた。

　以上は、公民館の組織化や運営が形式上は村行政によって進められながら、実質においては住民を公民館の組織・運営の基礎とし、公民館の運営を直接住民の手にゆだねようとする中で、住民自治を準備していった過程と見ることができよう。

（2）部落公民館の施設・設備

　部落公民館（分館）の施設について見てみる[33]。社会教育法施行前に、大草、東部、荻の3部落で部落公民館が設置されているが、このうち、大草では、専用の建物はなく、部落内の3つの寺院を公民館として転用していた。東部では、本館と別館が設置され、本館となっている部分は旧区長事務所を公民館として改築したものであり、別館は部落にある寺院を転用して利用していた。一方、荻では平屋建て41坪の公民館を新築することで、専用の建物を確保していた。東部部落公民館の関連施設の配置は、図4-2のようであった[34]。

　部落公民館に配備された設備としては、例えば、大草においては、食品加工設備が含まれていることを特徴点としてあげることができる。また、公民館で月2～3回実施される青年団の奉仕活動として理髪を行う際に用いる理髪器具も配備されていた。その他、篤志家からの寄附による図書は200冊、寺院に備えられていた3台のラジオ、オルガンなどが、公民館の設備としてあった。また、東部では、精米機2台、製麺機2台、「特殊施設」としての醤油醸造設備、縄をなう機械や鶏の飼育施設等も置かれていた。

　幸田村の部落公民館（分館）の設備の中で、特徴あるものとしてあげるこ

第4章　戦後初期愛知県における公民館活動の動向——額田郡幸田村の動向——　73

図4-2　幸田村東部部落公民館略図
(出典:「東部部落公民館図」(ガリ版刷り文書)から作成)

とができるのは、部落放送設備(有線)である。部落放送設備を設置することによって、部落内の連絡を徹底し、時には、農作業をしている者に天気予報を知らせるなど、それは、一種の産業振興方策としての性格をもつものでもあった。この部落放送設備を最初に設けたのは東部公民館であった。東部公民館で部落放送がめざましい成果をあげたために、村内の他の部落へも設置が進められることとなった。この分館の部落放送設備は、幸田村における公民館の活動のきわだった特徴点として、県内はもとより、全国的にも紹介されるところとなった[35]。

(3)　部落公民館の財政的基盤

いくつかの部落公民館、分館の予算の推移を見てみると[36]、表4-1のとおりとなっている。

予算規模は、部落によって様々である。例えば、1950年度の東部では27万300円を、1952年度の鷺田においては、29万8,000円を予算計上しており、額が飛び抜けて大きい。これは、有線放送設備を配置したことによるものである[37]。

表4-2は、1950年度における部落公民館、分館予算の歳入の内訳を示したものである[38]。

表4-1　部落公民館（分館）の予算の推移　　（単位：円）

分館名	1950年度	1951年度	1952年度
大　草	58,104	75,300	105,800
東　部	270,300	102,000	87,000
荻	11,530	11,550	21,000
鷺　田	69,244	37,800	298,000
深　溝	108,300	118,000	117,000
横　落	20,000	50,000	15,000

（出典：「分館予算の推移」（1952年度、ガリ版刷り文書）から作成）

表4-2　部落公民館（分館）の歳入（1950年度）　（単位：円）

	大草	東部	深溝
国費	0	0	0
県費	0	0	0
村費	19,680	10,300	16,320
事業収入	0	0	0
公民館維持費	0	210,000	40,000
寄附金	0	20,000	1,000
団体支出金	35,000	25,000	50,980
その他	3,424	5,000	0
合　計	58,104	270,300	108,300

（出典：「分館予算の歳入」（1950年度、ガリ版刷り文書）から作成）

　この中で注目されるのは、公民館維持会や団体からの支出金や寄附金と村費（村からの交付金＝公費）によって、大部分の部落公民館の運営・活動費用がまかなわれていたという事実である。先に見たように、村の公費による手厚い援助によって公民館の整備、拡充が行われる一方で、各部落においては、団体等からの支出金や寄附金、すなわち、部落の住民の自己負担によって、公民館の運営・活動が行われていたことがうかがえる。1952年の例を見てみると、部落公民館の中で最も活発な活動を行っていたとされる[39]東部部落公民館では、部落公民館（分館）予算に占める一戸あたりの負担額（予算額を部落の戸数で割ったもの）は、1,775円にも上っている[40]。志賀によ

ると、住民の負担に関しては、「皆、誰かに言われて無理に公民館のための
お金を出したのではなく、ある意味喜んで出してくれた」と回想している[41]。
こういった中に、必ずしも明確ではないにしても、地域課題の解決を進め、
自らの「リアルな生活要求」を満たしてくれる場として公民館を捉え、多様
な学習・教育活動を産み出していこうとする住民の姿を読みとることができ
るのではないかと思われる。

7. 小 括

　以上、本章においては、愛知県額田郡幸田村を事例として、戦後初期にお
ける公民館の成立・運営過程を、実証的に明らかにしてきた。
　幸田村の初期公民館の姿は、基本的には、公民館の始まりである文部次官
通牒「公民館の設置運営について」（1946年7月5日）が示す公民館構想に
対応するものではあるが、必ずしもすべての面で同一でなく、①部落公民館
（分館）を中心とする活動、②視聴覚教育の充実、幻燈機や有線放送設備な
ど、視聴覚設備の整備、③公民館における図書室の整備・拡充、④青年層や
女性を積極的に登用した運営体制、⑤職員体制の充実、⑥公民館の財政的基
盤の充実―村（公）費と住民の自己負担による―、などの点に関しては、一
般の公民館に比べて、より顕著であったといえるだろう。こうした特徴をも
つ公民館が設置されることによって、幸田村では、当時の住民の「リアルな
生活要求」に支えられた様々な学習活動が展開され、住民自治のもと、村の
振興が進められていったのである。
　最後に、地域における社会・生活構造や住民の生活実態に関する詳細な分
析と公民館の具体的な活動内容の解明をもとに、幸田村の初期公民館の実像
をさらに実証的に浮き彫りにすることを通して、愛知県下の公民館成立史の
特徴を明らかにする、ということを今後の研究課題として記しておく。

【注】

1）例えば、小川利夫・新海英行編『GHQの社会教育政策―その成立と展開―』大空社、1990年など。

2）辻浩「岐阜県占領期社会教育史研究の意義と方法」名大社教『社会教育研究年報』第7号、1988、pp.8-9。

3）小川利夫「共同研究・東海戦後社会教育史によせて」東海社会教育研究会『東海の社会教育　特集:占領下岐阜県社会教育の証言』1987年。

4）宇佐川満「公民館構想について」『大阪学芸大学紀要　9』1968年、小林文人「公民館の制度と活動」国立教育研究所編『日本近代教育百年史8　社会教育（2）』教育研究振興会などを参照。

5）戦後初期愛知の社会教育行政の動きについては、主として愛知県教育委員会社会教育課編集・発行『社会と教育』（当初、愛知県社会教育係編集・発行の『社会教育時報』、後に『あいち　社会と教育』、1949年から『社会と教育』に改称）に基づいた。

6）戦後初期愛知県における社会教育にかかわる主な動きは、同前、『社会教育時報』、『あいち　社会と教育』、『社会と教育』に基づいた。

7）『社会と教育』第34号、1949年11月号、p.8.

8）『社会と教育』第27号、1949年4月号、p.5.

9）『社会と教育』第31号、1949年8月号、pp.10-11.

10）『社会と教育』第63号、1952年4月号所収、「愛知県における公民館の地域別設置率」より。

11）前掲、「公民館の制度と活動」p.657、及び、中島俊教「戦後の社会教育を顧みる」『社会と教育』第66号、1952年7月号、p.5。

12）幸田村役場『昭和二十二年度以降社会教育に関する綴』。以下、幸田村の社会教育委員会に関する記述は、特に注を付しているもの以外、幸田村役場『昭和二十二年度以降社会教育に関する綴』に基づいた。

13）志賀又郎（教員退職後、1947年から1959年まで幸田村（町）学務課、教育委員会に勤務。1950年から公民館職員を務める。幸田村における初期公民館活動の中心的存在）の証言記録（プリント記録、1980年5月2日インタビュー）。

14）幸田村役場『昭和二十二年度以降社会教育に関する綴』、及び前掲志賀の証言記録。

15）前掲、志賀の証言記録。

16）前掲、幸田村役場『昭和二十二年度以降社会教育に関する綴』及び前掲、志賀の証言記録。以下、幸田村における公民館に関する記述は、とくに注を付しているもの以外、幸田村役場『昭和二十二年度以降社会教育に関する綴』及び志賀の証言記

第4章　戦後初期愛知県における公民館活動の動向——額田郡幸田村の動向——　　77

録（プリント記録、1980年5月2日インタビュー）に基づいた。

17）社会教育連合会編集・発行『公民館月報』1953年12月号、p.6。

18）前掲、幸田村役場『昭和二十二年度以降社会教育に関する綴』及び前掲、志賀の
　　証言記録。以下、額田郡内の社会教育の動向及び幸田村における公民館に関する記
　　述は、とくに注を付しているもの以外、幸田村役場『昭和二十二年度以降社会教育
　　に関する綴』及び志賀の証言記録（プリント記録、1980年5月2日インタビュー）
　　に基づいた。

19）「愛知県社会教育の方針」（1947年8月16日付け文書）。

20）前掲、幸田村役場『昭和二十二年度以降社会教育に関する綴』に所収。

21）前掲、志賀の証言記録。

22）石川庄平（東部部落主事を務めながら、幸田村社会教育委員として社会教育に携
　　わる。）の証言記録（プリント記録、1980年5月2日インタビュー）。

23）幸田町編『幸田町史』1974年、p.510。

24）前掲、幸田村役場『昭和二十二年度以降社会教育に関する綴』及び前掲、志賀の
　　証言記録。以下、幸田村における公民館関係の財政、予算に関する記述は、とくに
　　注を付しているもの以外、幸田村役場『昭和二十二年度以降社会教育に関する綴』
　　及び志賀の証言記録（プリント記録、1980年5月2日インタビュー）に基づいた。

25）社会教育連合会編集・発行『公民館月報』1952年11月号、p.6。

26）前掲、幸田村役場『昭和二十二年度以降社会教育に関する綴』及び前掲、志賀の
　　証言記録。以下、幸田村における公民館の施設・設備に関する記述は、とくに注を
　　付しているもの以外、幸田村役場『昭和二十二年度以降社会教育に関する綴』及び
　　志賀の証言記録（プリント記録、1980年5月2日インタビュー）に基づいた。

27）石川庄平の証言記録（プリント記録、1980年5月2日インタビュー）。

28）「幻燈機貸し出し規程」（1949年3月1日付け文書）。

29）前掲、社会教育連合会編集・発行『公民館月報』1953年12月号、p.6。

30）「公民館調査書」（1950年1月28日付け文書）。

31）前掲、幸田村役場『昭和二十二年度以降社会教育に関する綴』及び前掲、志賀の
　　証言記録。以下、大草部落公民館に関する記述は、とくに注を付しているもの以外、
　　幸田村役場『昭和二十二年度以降社会教育に関する綴』及び志賀の証言記録（プリ
　　ント記録、1980年5月2日インタビュー）に基づいた。

32）「大草公民館館則」（1948年7月1日付け文書）。

33）前掲、幸田村役場『昭和二十二年度以降社会教育に関する綴』及び前掲、志賀の
　　証言記録。以下、幸田村における部落公民館（分館）の施設・設備に関する記述は、
　　とくに注を付しているもの以外、幸田村役場『昭和二十二年度以降社会教育に関す
　　る綴』及び志賀の証言記録（プリント記録、1980年5月2日インタビュー）に基づ

いた。

34）「幸田村東部公民館略図」（ガリ版刷り文書）。

35）前掲、社会教育連合会編集・発行『公民館月報』1952年11月号、p.6。

36）「分館予算の推移」（1952年度、ガリ版刷り文書）。

37）前掲、幸田村役場『昭和二十二年度以降社会教育に関する綴』。

38）「分館予算の歳入」（1950年度、ガリ版刷り文書）。

39）前掲、志賀の証言記録。

40）前掲、幸田村役場『昭和二十二年度以降社会教育に関する綴』。

41）前掲、志賀の証言記録。

第5章

戦後初期愛知県における公民館活動の実態
―― 額田郡幸田村の動向――

1．課題意識

　戦後改革の見直し、とりわけ1980年代以降の臨時行政調査会による行政改革のもと、憲法・教育基本法制下で創造、蓄積されてきた「権利としての社会教育」は、危機的状況に追い込まれてきたといえる。臨時教育審議会による教育改革提言「生涯学習体系への移行」の政策化、1990年のいわゆる生涯学習振興整備法の施行、昨今の急激な地方分権化と規制緩和にともなう社会教育法改正の動き等の中で、戦後社会教育改革の民主主義的諸原則の否定・廃棄を目指す政策が、いわゆる社会教育終焉論とも呼応しつつ矢継ぎ早に具体化され、今日に至っている。「社会教育の自由と自治」といった戦後社会教育のすぐれて積極的な教育的価値が、いま存廃の岐路に立たされているといっても過言ではないだろう。こうした状況の中で、戦後教育改革、とくに戦後社会教育の骨格が形成された戦後初期の社会教育改革の実像をより精緻に捉えることが、これまで以上に重要な課題となってきている。

　以上のような課題意識にたち、本章は、とりわけ、社会教育の中心的施設とされる公民館、すなわち、戦後初期公民館（1946年から1953年の公民館。以下、初期公民館、または、単に公民館と記す）[1] に注目し、その実像をより精緻に捉え、具体的諸相を明らかにする中で、戦後社会教育に内包される

積極的な教育的価値を見いだすことを目的とする。なぜならば、戦後社会教育改革の一環として構想された公民館は、戦後社会教育改革の理念を集中的に具現し、戦後社会教育の新しさを象徴するものと考えられているからである[2]。

2．方法視角

初期公民館に関する研究としては、公民館が戦後の社会教育施設の中心的存在として登場したにもかかわらず、意外と少ないのが現状であるが、そのような中にあって、文部次官通牒「公民館の設置運営について」（1946年）を中心とした初期公民館構想に関する文部省レベルの政策論的・総論的研究、あるいは、初期公民館構想の実質的立案者である寺中作雄の「公民」概念に視点を据えた思想的研究がみられる。例えば、以下のようなものが注目される。

① 小川利夫「歴史的イメージとしての公民館―いわゆる寺中構想について―」（同編『現代公民館論』東洋館出版社、1965年）。

② 笹川孝一「戦後初期社会教育行政と『自己教育・相互教育』」（碓井正久編『日本社会教育発達史』亜紀書房、1980年）。

ところで、初期公民館を検討する際、文部省レベルの政策論的・総論的研究や実質的立案者・寺中の思想的研究は、基本的には重要なことである。

しかし、初期公民館は、文部省から設置の奨励と運営上の指導が行われたものである一方、その営みがすぐれて市町村を中心とする地域の住民の生活の場に密着して行われるものである以上、それらは全国に画一的に成立するのではなく、具体的な地域の社会的・経済的・文化的諸要因によって、それぞれ独自の性格を帯びてくるはずである。「本来、教育はきわめて人間的な、しかも日常的な営みである。それは単なる観念でもなければ、一片の通牒でもない。中央行政の動きはむろん無視できないが、地域には地域の独自主張

第5章　戦後初期愛知県における公民館活動の実態——額田郡幸田村の動向——　　*81*

があり、工夫があり、とりくみがあることを忘れてはならない」[3]。したがって、初期公民館に関する研究方法としては、地域に深く分け入った実態分析、すなわち、中央行政とは相対的に独自な地域ならではの動態に注目し、地域独自の具体的な公民館の設立・運営過程の実像を実証的に明らかにする必要があろう。

　地域における初期公民館については、千野陽一や上田幸夫らを中心にこれまで研究がなされている[4]。ところが、それらの多くは、文部省レベルの政策の地域への浸透・定着過程の究明に重点が置かれており、また、全国のいくつかの公民館を断片的に対象としていることもあって、社会的・経済的・文化的な諸背景を異にした地域における具体的な公民館の設立・運営過程が総合的・本格的（トータル）に分析されたものとはいえない。

　こうした先行研究の意義と限界を踏まえつつ、本章においては、愛知県額田郡幸田村公民館を事例として、戦後初期における同公民館の成立事情とその特色について、とくにその活動内容に焦点をあてて素描することとする。「教育作用や教育実践の実像は教育理念や政策だけが決定するもの」ではなく、「それらを基盤としながらも教育内容・方法として具体化され、教育的な営為の結果として実像は形成される」と考えられるからである[5]。

3．幸田村中央公民館の活動

　まず、戦後初期の幸田村における中央公民館の活動内容を、村全体の社会教育活動の状況もふまえながら見てみることとする。

　戦後幸田村の社会教育活動が実質的にスタートしたのは、社会教育委員会の役員が委嘱されて実質的な活動を始めた1948年からである[6]。幸田村においては、同年の5月に公民館（中央公民館）が開館し、その後、順次、15ある部落に部落公民館（1949年以降分館として位置づく。以下、部落公民館あるいは分館と記す）が設置されて活動を進めることとなった[7]。

表5-1は、1948年度幸田村における社会教育の事業計画である[8]。

この段階で社会教育事業の中心となっていたのは、巡回映写会、各種の講演会や講習会、その他婦人会等社会教育関係団体を中核とした事業であった。表5-2は、幸田村で1948年8月に行われた社会教育関係行事の一覧であるが、活動の中心は、青年団による卓球大会や生花の会、婦人会による生活改善にかかる講習会等であって、中央公民館を拠点とした事業には、まだ本格的に着手されていない[9]。

村全体で公民館を中心とした社会教育の事業計画が本格的に立案されるようになったのは、1950年度からである。1950年度以降、幸田村では、とりわけ公民館が中心となって、社会教育活動を推進することとなった。表5-3は、1951年度の中央公民館の運営計画表である[10]。

中央公民館では、総務、教養、産業、厚生の各部に分かれて事業が実施されることになっていたが、その概要（1951年度）は、表5-4のとおりであった[11]。

総務部では、村全体で取り組むべき事業や、公民館活動の運営に関する事柄に取り組まれている。主な事業としては、公民館まつりや体育大会の実施、広報の刊行があげられるほか、視聴覚教育も総務部の担当となっている。また、分館との連絡や、分館の連絡協議会開催、公民館職員を対象とした指導者講習が、総務部の事業として実施されている。

教養部では、学級・講座の開催が事業の中心となっている。この時期に幸田村で開催された学級・講座としては、一般成人を対象とした社会学級、青年を対象とした青年学級、また、村内にある繊維工場の労働者（主に女性）を対象とした勤労学級などがある。しかし、これらの講座は、公民館の事業の中に含まれてはいるが、社会学級は村内の小学校に、青年学級は中学校に委嘱して行うものであり、勤労学級についても、工場が主催するものであった。

産業部においては、例えば、各種の農業指導の講座、商工講座の開催、品評会、産業講習会、商工まつりの実施等を受け持っていた。また、分館にお

いて農業講習会を開催する際の講師の紹介等も行っている。産業部も教養部と同様、村内の農業協同組合、研究農場、商工会等の関係機関と共同で開催する事業を、公民館の活動として位置づけていた。

厚生部では、生活改善や料理講座のほか、衛生講習会や竹細工講習会なども開催されている。特に、幸田村の場合は、公民館が村の生活改善運動の拠点となっており、「生活改善5か年計画」を立てて活動に取り組んでいた。また、村をあげての「蠅、蚊のいない村づくり」運動の中で、DDT等の薬剤を分館に配布したりした。

中央公民館においては、上述のようなしくみと進め方で事業の計画が立案・実施されたが、それぞれの事業は、既述のとおり、村内の関係部局及び団体の協力のもとに行われた。例えば、産業部の活動については、研究農場や農業改良員、農業改良普及員などの公的機関のほか、農業協同組合や4Hクラブ等との協力のもとに、事業が展開されていた[12]。

以上概観してきたように、当時の中央公民館の役割の中心は、部落公民館やその他の関係機関・団体で行われる各種事業計画の立案・運営の指導、各種団体の連絡等、調整機能を発揮することにあったといえる。とりわけ、部落公民館との関係でいえば、部落公民館での活動・運営については各部落に任せることが多く、部落公民館長会議を開催して、部落公民館相互の連絡や運営の研究発表を行う等により、部落公民館の活動を側面から指導・援助することが、中央公民館の主な役割となっていた[13]。

以上おおまかに、中央公民館における活動のあらましを概観してきたが、そのなかでも、とりわけ重点的に取り組まれ、幸田村の公民館の「特徴をなしていた」とされる事業[14]を、次に見てみることとする。すなわち、視聴覚教育活動、成人学級・社会学級、生活改善運動の3つについてである。

4. 視聴覚教育活動

　幸田村における社会教育活動の特徴のひとつとして、視聴覚的な手法を積極的に取り入れていたという点をあげることができる[15]。とりわけ、公民館活動の初期の段階では、住民の「啓蒙活動」に、視聴覚的な手法が積極的に活用された。

　1948年5月に、軍政部より愛知県にナトコ映写機30台、幻燈機16台、CI＆E教育映画多数が貸し出され、巡回上映がはじまったが、これに先立ち、額田郡では、郡視覚教育振興委員会を設置し、映写機等の受け入れ体制を整えることとなった[16]。CI＆E教育映画の上映が生活の合理化、環境衛生の思想を高め、生活改善運動を展開させていく契機になったといわれている。

　CI＆E教育映画の上映にあたっては、民主主義の啓蒙やアメリカの生活を紹介したフィルムを必ずつけて、それを上映した後に、CI＆E教育映画を上映したようである。こうした映画を見ることによって、住民は、アメリカの人びとの合理的な生活状況の一端を垣間見て、それに対する「あこがれ」から生活改善を進めることにもつながったとのことである。

　幸田村では、視聴覚的な手法を取り入れていくための条件整備が積極的に進められた。例えば、1950年には、新たに、映写機2台、幻燈機6台、スライド100本を購入し、1949年には「幻燈機貸し出し規程」を設けて、各種映画を無料で観覧できるような体制を整えている。また、1952年度の予算には、備品費としてテープレコーダー購入費を計上し、日本初のテープレコーダー（ソニー製）を購入している。

5．成人学級・社会学級

　愛知県全体の社会教育活動の振興に果たした成人学級・社会学級の役割
は、大きなものであったといわれているが[17]、幸田村においても、成人学
級・社会学級の実施は、中央公民館の教養部の事業として位置づけられて積
極的に推進された。幸田村では、1949年6月に、坂崎小学校を認定校として、
社会学級開設の依頼が県教育委員会からなされている[18]。坂崎小学校の社
会学級の教育課程は、表5-5のとおりである。後に、荻谷、深溝の2小学
校が認定を受け、活動に取り組んでいる。

　また同時期に、幸田村では、軍政部の開催指示による成人学級と称される
学級も、幸田中学校において開設されている。成人学級には、村内の各部落
から、男128名、女70名が参加している（1949年度）。成人学級の主な内容
は、表5-6のとおりであるが、成人学級の中では映画の上映が教育課程の
一環として位置づけられていることが特徴的である。

　以上のように、同時期に、社会学級と成人学級という2通りの成人講座が
開設されていたわけであるが、2つの講座はともに盛況のうちに終わったよ
うである。しかし、講座の内容・方法や住民の側の取組み方には、多少の違
いがみられた。

　まず、内容・方法に関していえば、成人学級の方が、非常に形式的なもの
が多かったということである。憲法や労働組合等の講座が、講義形式中心で
開講されていたのである。これに対し、社会学級の内容・方法は、憲法等に
かかる講義形式の講座も開かれてはいたが、「麦の多収穫栽培法」や「大豆
の増収法と移植栽培」といった形で農村生活に密接に関連したテーマが取り
上げられており、また、1950年に開催された第9回荻谷社会学級では、幸田
村村長や助役を招いての村内初の「村政公聴会」が開催され、住民が村長・
助役とともに、村政について語り合うような催しが開かれた。社会学級の中
では、このように、住民の生活と直接関わる課題が学習内容として取り上げ

られていたのである。

　また、両学級への参加状況からも、その違いがうかがわれる。成人学級の場合は、軍政部からの指示もあり、必ず成功させなければならなかったために、出欠表を作成して参加を徹底させており、学級への出席は、半ば強制的なものであった。これに対し、社会学級は、あくまで住民の自主的な活動として進められたとのことである。また、成人学級は成人男性の参加が過半数であったのに対し、社会学級の場合は女性層の参加が中心であった。

　こうした成人講座、とりわけ社会学級が村全体の振興に果たした役割は何であったろうか。第1に、新憲法と民主主義思想の「啓蒙」が図られたことがあげられる。第2に、生活改善を中心とした村づくり運動が、とりわけ、女性層を中心にして進められるきっかけをつくりだしたことである。とくに、後者についていえば、社会学級による住民への「啓蒙」は、その後の公民館を中心とする生活改善運動に大きな影響を及ぼしたとされている。また、社会学級への参加が主に女性層であったことは、農村女性の「地位を向上させる」ことにつながったといわれている。

6．生活改善運動

　生活改善に関する取組みも、幸田村の初期公民館活動を特徴づけるものとなっている[19]。当時の農村の生活について、『幸田町史』の中では、次のように記載されている[20]。

　　「当時の農家の生活は、多忙で追いまわされていた。時間のゆとりがなく、低い栄養の食事を暗いお勝手で食べ、連日長時間の労働をつづけてかせぐもの、冠婚葬祭が一生に影響するほどの大きな出費となって、貯えはすぐになくなり、晩年の楽しみもないまま早く年老いていくというのが実情であった。この傾向は婦人に強く、彼女らは家事と農耕の二重の負担のなかで無理な日常をくりかえしていた。不満ながらも伝統の農業を受け継ぎ、文化の恩

恵に農村は縁が遠いものだとあきらめているむきが多かった」。

このような状況の中で、新たな村づくりとして、生活改善が村ぐるみで進められることとなり、1950年9月には、生活改善連絡懇話会が結成され、婦人会、農業協同組合、公民館が一体となった生活改善運動が進められることとなった。中央公民館では、表5-7に示すような「生活改善5か年計画」を立て、主として厚生部を中心にして活動に取り組んでいくこととなった。

幸田村では、「台所改善補助規程」を定めて、台所改善にかかる補助金を交付し、また、中央公民館では模範家庭の表彰等を行うとともに、部落公民館を指導しながら各部落に簡易水道の設置等を進めるなど、村をあげての運動として生活改善に取り組んでいった。1951年には、その成果が認められ、新生活モデル町村選定第1回として、愛知県から第2位の表彰を受けた[21]。

7. 部落公民館の活動

幸田村における初期公民館活動の特徴のひとつとして、部落公民館における活発な活動実績をあげることができる[22]。他の多くの地方自治体が、全体をひとつのサービスエリアとして公民館を設置してきたのに対して、幸田村では各部落毎に公民館を設置しており、それぞれの部落公民館の運営が村の公民館活動の中心となっていたのである。

それでは幸田村の部落公民館では、どのような活動が進められていたのであろうか。ここでは、東部部落公民館における活動を中心に見てみる。なぜならば、東部部落公民館は、幸田村の中で2番目に開館した（1948年8月1日開館）部落公民館で、比較的早くから活動に取り組んでいたこと、また、部落公民館の中で、最も活発な活動を行っていたと評されているからである。東部部落は、村の中心部よりやや北に位置し、農業中心の戸数50戸の小さな部落である。

東部部落公民館長から県軍政部に提出された月例報告によると、その活動内容は、表5－8のようになっていた[23]。

人びとの教養を高めることを目的とした事業としては、読書会や講演会、茶道・華道講習会などが行われ、娯楽としては映画会や紙芝居が実施されている。また、産業振興関係では、「家畜飼育方法」「野菜に付て」といった農業・畜産指導も行われている。幅広い事業が推進されていたことがうかがえる。

東部部落公民館の場合、以上のような活動に加えて、とりわけ特徴的であったことは、公民館を中心とした村づくり運動が、強力に押し進められていたことである。それはまず、厚生部を中心とした衛生事業からはじまり、簡易水道の設置、有線放送設備の設置という形で進められることとなった[24]。

（1）厚生部を中心とした衛生事業と簡易水道の設置

これは、「蠅、蚊のいない村づくり」運動の一環として進められた事業である。東部部落では、1945年の夏に赤痢が流行し、50戸あまりの部落のなかで2名の死者を出すに至った。疑似赤痢に関しては、部落民のほとんどが感染するというありさまで、部落が「全滅に近い状況」になってしまった。このような状態に陥った原因は、当時の農村の衛生状態の劣悪さによるものであった。当時、農家には、農耕用の牛をはじめとして多くの家畜を飼育しており、夏になれば、家畜小屋等から蠅や蚊が多数発生し、食物はもちろん人体にも群がるほどで、食事をするのに蚊帳の中で食べることもあったという。また、食物を調理する台所そのものが暗く、湿気が多く、非常に非衛生な環境であった。

こうした事態を改善しようと、公民館の厚生部が中心となって、公衆衛生の徹底を押し進め、「理想郷」の建設にとりかかったのである。蠅や蚊の撲滅のために、日曜日毎に部落内にDDTを散布したり、藪の中にある水たまりを埋めたり、また、食事の前にホルマリン石鹸で手を洗うことを奨励するなど、公民館を中心に、部落をあげて、「蠅、蚊のいない村づくり」運動に

第5章　戦後初期愛知県における公民館活動の実態——額田郡幸田村の動向——　　89

取り組むことになった。こうした結果、蠅も蚊も少ない「極楽郷」が実現することになったのである。このような村づくり運動が進められたことは、当時の農村にとっては、画期的なことであった。

続いて、厚生部の中で積極的に進められた事業として、台所改善と一体となって取り組まれた簡易水道の設置をあげることができる。蠅や蚊がいなくなっても、食事をつくる台所が非衛生的であっては仕方がないと、部落独自で簡易水道を設置することとなった。配管等は業者に任せたものの、その他の工事はすべて部落の住民による労働奉仕によって進められた。こうして、部落の全戸に水道がひかれ、それにともなって台所改善が進められることとなった。この簡易水道の設置が行われたのは、1952年9月であった。

（2）有線放送設備の設置

また、東部部落公民館の活動の中で特徴的なものとしてあげることができるのは、部落放送設備（有線）の設置である。公民館に放送器具を設置し、各家庭に受信機を、さらに、公民館の屋上にもスピーカーを設置して、部落のどこにいてもさまざまな連絡が行き届くようにしたのである。この設備が整えられたのは、1951年3月のことであり、東海地域でも、1、2を争う早さであったとのことである。

部落放送設備の設置が進められた理由としては、それまでの回覧板による方法では連絡が不徹底であったこと、ラジオを各戸で購入するよりも、部落で1台購入してそれを有線放送によって流せばよいとの意見が多数を占めたこと、の2点が大きい。有線放送設備の設置にあたっては、工事の大部分が、部落住民自身の労働奉仕によって進められた。有線放送では、部落の諸連絡のほか、ラジオ放送、レコード放送や部落公民館の座談会の実況中継、子どもたちによる放送劇などが放送された。

以上、東部部落を事例として、幸田村における部落公民館の活動の内容を概観してきたが、改めて特徴をまとめてみると、次のようなことが指摘できる。

まず、公民館を中心にした村づくり運動が強く押し進められたという点で

ある。文部次官通牒「公民館の設置運営について」（1946年7月）の中で指摘されていた「郷土振興のための施設」としての公民館の性格を、色濃く打ち出したものであったといえる。東部部落公民館の場合、それが、産業の振興という面よりも、公衆衛生事業の徹底という形で進められた点が特徴的である。

第2に、生活者、生産者として日常的に解決することが要請される顕在的な諸課題を内実とする住民の「リアルな生活要求」に根ざした活動が、部落公民館で取り組まれていたということである。とりわけ、東部部落においては、過去の反省に基づいて、伝染病予防に取り組んだわけであるが、公民館の活動が住民の生活実態と深く結びついたところで展開されていたことは、その後の公民館活動がより積極的に進められることとなった一因として考えることができる。

このような東部部落公民館の活動は、村内の公民館活動に対してはもちろんのこと、他の町村にも大きな影響を与えるところとなった。とりわけ、村内においては、東部部落公民館の活動を参考にして、村全体が「蠅、蚊のいない村づくり」運動に取り組むこととなり、有線放送設備についても、東部部落公民館の取組みがきっかけとなって、他の部落においても、積極的にその設置が進められることとなった。

8．小　括

以上、戦後初期における幸田村の公民館活動を、中央公民館を中心とした活動と部落公民館を中心とした活動に大きく分けて概観してきた。最後に、幸田村における初期公民館活動の特徴を示して、全体のまとめに代えたい。

第1に、敗戦直後の混乱期の中で、公民館が村づくり運動推進の中心機関として機能していた点をあげることができる。敗戦後、荒廃した郷土の再興を進める上で、公民館がその中核となって活動を推進することになったのであ

る。幸田村の場合、とりわけ、生活改善、公衆衛生事業など、厚生面での活動に力が注がれることとなった。そうした活動には、戦前の地方改良運動に象徴される国家的な（＝上からの）地方経営に従属した社会教育を乗り越え、住民主体の内発的な地域形成を志向する社会教育の可能性が伏在していたといえよう。第2に、公民館が、住民の生活課題を解決するための学習・教育機関として機能していたことである。公民館で取り組まれる事業が、教養主義的な内容にとどまることなく、人びとの生活に直接かかわる住民の「リアルな生活要求」に応えるものとなっており、公民館での学習・教育活動をとおしてその解決の方途を探っていくような水路づけがなされていたのである。それは、社会教育法に条文化される「実際生活に即する文化的教養」の向上に相当する活動を意味するものであったといえよう。

　視聴覚教育や有線放送設備設置の取組み、公衆衛生や生活改善への先進的取組みには、安城を中心とする三河農村部に底流する農村自治の一種のプラグマティックで合理主義的な民衆意識を垣間見ることができると考えられる。仮説的にいえば、戦後初期の幸田村の公民館活動の中に、戦前期、山崎延吉により指導された農村教育運動から継承、発展した民衆のエートスを見いだすことができよう（この点についての詳細な解明は、別の機会にゆずりたい）。

　全体として、幸田の取組みの中に、住民の「リアルな生活要求」の学習課題化が公民館における共同学習のもとで実現され、地域の現実や住民の生活実態にかかわる公民館の学習・教育実践を媒介しつつ、社会教育の住民自治的運営と社会教育の公共化（地域・自治体の住民の共同の営みとしての社会教育）が創出されていった過程を読みとることができる。公民館における協同的な学習・教育活動をとおして、社会教育の公共性が内発的に構築されていく可能性を示していたといえるだろう。幸田の事例から、初期公民館の多様性を前提にしつつも典型なる理念型としての初期公民館像を浮き彫りにするならば、戦後初期において、地域住民が、さまざまな地域・生活課題を媒介して、地域のいわば共同的市民として、「リアルな生活要求」に根ざす自

92

己教育・相互教育としての社会教育を計画化し、社会教育事業を自主的・自発的に運営する拠点として公民館が機能した、と総括しておきたい。

【注】

1）戦後初期公民館の時期区分とその指標については、益川浩一「戦後初期公民館研究の意義と課題・方法」（『日本公民館学会年報』第3号、2006年）から示唆を得ている。

2）小林文人「公民館の制度と活動」国立教育研究所編『日本近代教育百年史8　社会教育（2）』教育研究振興会、1974年など。

3）小川利夫「共同研究・東海戦後社会教育史によせて」東海社会教育研究会『東海の社会教育　特集：占領下岐阜県社会教育の証言』1987年、p.1。

4）例えば、千野陽一「初期公民館活動の性格」小川利夫編『現代公民館論』東洋館出版社、1965年、千野・上田「初期公民館の地域定着過程―『次官通牒』から設置普及期まで―」『東京農工大学一般教育学部紀要』第19巻、1983年、上田「初期公民館における職員の形成過程に関する一考察」『日本社会教育学会紀要』No.20、1984年など。

5）碓井岑夫「地域における『新教育』理論の受容過程について」国立教育研究所『戦後教育改革資料の調査研究』1985年、P.97。

6）幸田村役場『昭和二十二年度以降社会教育に関する綴』。なお、戦後初期における幸田村の概況及び社会教育行政、公民館の設置・運営過程の動向については、益川浩一「戦後初期愛知県における公民館の設立・運営過程に関する研究」日本教育学会『教育学研究』第69巻第2号、2002年に詳しい。本章では、とくに公民館の活動内容に焦点をあてて、記述を進めることとする。

7）前掲、幸田村役場『昭和二十二年度以降社会教育に関する綴』。

8）同前。

9）同前。

10）幸田村役場『昭和二十六年度社会教育に関する綴』。

11）同前。なお、中央公民館の各部における事業内容等に関する記述は、前掲、幸田村役場『昭和二十六年度社会教育に関する綴』に基づいた。

12）前掲、幸田村役場『昭和二十六年度社会教育に関する綴』。

13）志賀又郎（教員退職後、1947年から1959年まで幸田村（町）学務課、教育委員会に勤務。1950年から公民館職員を務める。幸田村における初期公民館活動の中心的存在）の証言記録（プリント記録、1980年5月2日インタビュー）。

14）同前、志賀の証言記録。

15) 同前。

16) 中嶋俊教「戦後の社会教育を顧る　想出の記（2）」愛知県教育委員会社会教育課『社会と教育』第64号、1952年6月号、p.7及び前掲、幸田村役場『昭和二十二年度以降社会教育に関する綴』。以下、幸田村における「視聴覚教育活動」に関する記述は、両資料に基づいた。

17) 愛知県教育委員会社会教育課『社会と教育』各号を参照。

18) 昭和24年6月4日付け　幸田村長宛「成人教養施設『社会学級』開設について」（愛知県教育委員会額田教育事務所長発額教号外）。以下、幸田村における「成人学級・社会学級」に関する記述は、前掲、幸田村役場『昭和二十二年度以降社会教育に関する綴』及び志賀の証言記録に基づいた。

19) 前掲、幸田村役場『昭和二十二年度以降社会教育に関する綴』及び志賀の証言記録。以下、幸田村における「生活改善運動」に関する記述は、両資料に基づいた。

20) 幸田町編『幸田町史』1974年、p.510。

21) 前掲、幸田村役場『昭和二十六年度社会教育に関する綴』。

22) 前掲、志賀の証言記録。以下、「部落公民館の活動」については、前掲、幸田村役場『昭和二十二年度以降社会教育に関する綴』及び志賀の証言記録に基づいた。

23)「東部部落公民館の活動内容」（ガリ版刷り文書）。

24) 前掲、幸田村役場『昭和二十二年度以降社会教育に関する綴』及び志賀の証言記録。以下、「東部部落公民館の活動」については、両資料に基づいた。

表5-1　1948年度幸田村社会教育事業計画

一．公民館	開　館　年内数ヵ所
二．婦人会	発　会　5月
三．講演会	憲　法　5月　生活改善　10月　修養　3月
四．講習会	料　理　10月　衛生　9月　産業　1月
五．研究会	基本調査　村誌　生活改善
六．映写会	各校区別
七．体育会	村民総合大運動会　10月下旬11月上旬
八．品評会	産品評会　農産物　其の他
九．視　察	優良公民館視察　県内1　県外1
十．其の他	児童福祉会　5月　少年少女の月　乳児表彰 娯楽会　8月　盆踊　9月　名月鑑賞　舞踊　演劇 趣味会　俳句　等

（出典：幸田村役場『昭和二十二年度以降社会教育に関する綴』）

表5-2　幸田村1948年8月社会教育関係行事表

日	曜	行事名	場所	時間	出席者	行事概要とその成果
5	木	未亡人懇談会	大草 正楽寺	后2時～5時 3時間	婦人会員 未亡人	牧圭次氏を中心に 行う
6	金	運営委員会	大平 公民館	后9～11 2時間	公民館 運営委員	運営上の打合
10	火	郡社会教育 常任委員会	藤川村 市場公 民館	9.5～后4 6.5時間	常任委員 教育係 婦人会長	公民館活動状況 大いに参考となる
11	水	卓球大会 手芸展覧会	幸田中 学校	后2～5 3時間	青年団員	分団 女子青年団の丹精
11	水	生花の会	幸田中 学校	9～后6 8時間	青年団員	青年団(男女)の作品 見るべきものあり
12	木	役員会	大草公 民館	后9～12 3時間	公民館職 員	事業運営　開館式 について協議
13	金	生活改善に関 する講演会・ 座談会	大草 広福寺	后2～5 3時間	婦人会 青年団 一般	結婚改善運動を主 として
16	月	婦人会役員会	幸田村 役場	9～12 3時間	婦人会 幹部	事業運営と予算に ついて協議
16	月	社会教育委員 定例会	幸田村 役場	后2～5 3時間	社会教育 委員	公民館設置促進 視覚教育 生活改善事業運営 について協議
17 ～20	火 ～金	盆踊りの会	寺院境内 学校庭	后9～11 2時間	青少年	各部落毎に実施 楽しく
18	水	交通 防犯映写会	大草 公民館	后9～11 2時間	青少年、 婦人、一般	防犯思想普及に効 果多大
23	月	婦人会 評議員会	幸田村 役場	9～12 3時間	婦人会役 員	結婚式準備のため
27	金	同　結成式と 講演会	幸田中 学校	后2～5 3時間	婦人会員 青年団員	講師　篠崎美津女史 県議　田中いと女史
30	月	舞踊講習会	幸田座	后2～5 3時間	婦人会員 青年団員	第一回発表会　利 益金は村民事業へ 寄附

(出典：幸田村役場『昭和二十二年度以降社会教育に関する綴』)

第5章　戦後初期愛知県における公民館活動の実態——額田郡幸田村の動向——　*95*

表5-3　1951年度中央公民館事業運営計画表

	努　力　点	
1　成人教育	1．祝日・記念週間行事 　の徹底 2．定期講座 3．社会学級開設	4．勤労学級（青年学級） 5．成人式
2　青少年教育	1．子ども会の開設 2．青年学級 3．青少年健全育成運動	4．4Hクラブ 5．レクリエーション
3　関係団体の振興	1．婦人会 2．青年団 3．PTA 4．宗教団体	
4　施設の設置運営	1．公民館運営の振興 2．総合展示会 3．視察	
5　地方文化の振興	1．読書教育 2．視聴覚教育 3．郷土の研究	4．広報発刊 5．産業振興
6　其の他	1．職員資質向上 2．レクリエーション 3．公衆衛生	4．其の他

（出典：幸田村役場『昭和二十六年度社会教育に関する綴』）

表5-4　1951年度中央公民館部別事業一覧

事業　　　部	総務	教養	産業	厚生
定期講座	祝日記念週間行事の徹底指導講座	社会学級開設青年学級勤労学級	農業講座商工講座研究座談会	生活改善講座（台所改善）料理講座
討論会講習会講演会展示会	展示会講演会	討論会雄弁会読書会	産業講習会展示会	衛生講習会竹細工〃洋裁〃各種展示会
図書記録模型資料施設利用	世論調査郷土資料調査公民資料調査読書運動	読書会模型展示会	農林商工模型標本作製	統計
体育レクリエーション	公民館まつり体育大会レクリエーション会視聴覚教育	幻燈会観賞会文芸会レコードコンサート	競技会商工まつり	盆踊り大会スクエアダンスラジオ体操映写会
各種団体機関との連絡	分館連絡各種団体〃広報（幸田）刊行視察	学校連絡PTA〃	農業協同組合連絡商工会〃	モデル改善表彰生活改善栄養士の常置
集会その他の利用	運営審議会連絡協議会研究協議会職員の資質向上			

（出典：幸田村役場『昭和二十六年度社会教育に関する綴』）

第5章　戦後初期愛知県における公民館活動の実態——額田郡幸田村の動向——　　97

表5-5　社会学級教育課程（1949年度坂崎社会学級）

月	題　目	内　容	レクリエーション	時間
9	一、開講式 一、民主主義とは	民主主義の訓練をするには何をしたらよいか	紙芝居 音楽	3
同	村に於ける団体と私たちの心構え	自治会を如何にして運営していくか	遊技と歌	3
同	規約と組織	自治規約案の審議	遊技と歌	3
同	議事の進め方と討論	法　社会学級 行事予定	ダンスと音楽	3
10	新しい憲法 －明るい生活	男女は果たして同権になっているか	幻燈と音楽	2
同	経済九原則と私達の生活	現在の税金は重すぎるかそれへの対策	絵画・書道の鑑賞	2
12	食糧問題	供出制度について　生産者・消費者の声	ダンスとレコード鑑賞	2
同	生活の不安をなくそう	生活困窮者はないか　それの対策は	朗読鑑賞	2
1	保健所と私たちの衛生	蠅と蚊の撲滅策	ラジオの集い	2
同	青少年の不良化防止	この頃の学校生徒の行儀について	音楽会	3
同	青少年の純潔教育	村の防犯・防火対策について	幻燈と音楽	2
同	郷土史跡の研究	史跡についての質疑応答	絵画・書道の鑑賞	2
2	子供の心と家庭教育	いかにしたら子供は親のいうことをきくか	踊りと歌	2
同	楽しい家庭をつくりましょう	主婦の負担を如何にして軽くするか	ラジオの集い	2
同	麦の多収穫栽培法	実験談の発表と質疑応答	遊技と歌	2
同	大豆の増収法と移植栽培	大豆の増収法について質疑応答	音楽会	3
3	味噌・醤油のつくり方	実験談の発表と質疑応答	遊技と歌	2
同	農業協同組合の現状と将来	今後の農業径営のあり方	ラジオの集い	2
同	生活を改善しましょう	台所の無駄を如何に改めるか	踊りと歌	2
同	一、お菓子のつくり方 一、閉講式	反省会	おどり・音楽 懇談会	3

（出典：幸田村役場『昭和二十二年度以降社会教育に関する綴』）

表5-6 1949年度幸田中学校成人学級講座

回	月・日	曜	講座内容	映画
1	10・7	金	開講式 概論	民主主義の概論
2	10・11	火	厚生 厚生事業	子供に遊び場を
3	10・13	木	厚生 社会保障制度	
4	10・18	火	民間情報 公衆に報道をいきわたらせること	
5	10・22	土	政治 新憲法	法律になるまで
6	10・25	火	政治 日本の地方政治	
7	10・29	土	政治 親族法	スコットランドヤード
8	11・1	火	政治 裁判制度と刑事訴訟	
9	11・5	土	政治 政府の費用支出	ロスアンゼルス市
10	11・8	火	政治 選挙法と今日の政治	
11	11・12	土	経済 民主主義と労働組合	労働組合の成立
12	11・15	火	同 労働法規	
13	11・19	土	同 食糧の供出と配給	世界の食糧問題 協同組合
14	11・22	火	同 民主的な物質分配	
15	11・26	土	公衆衛生 社会衛生	明日の医学
16	11・29	火	同 健康を盗むものの病気	
17	12・3	土	同 家庭に於ける健康	飛来する疾病
18	12・6	火	民間教育 教育の目標	
19	12・10	土	同 新日本の教育改革	よい子の一生
20	12・13	火	同 教育はたえまなくつづく、閉講式	

（出典：幸田村役場『昭和二十二年度以降社会教育に関する綴』）

第5章　戦後初期愛知県における公民館活動の実態——額田郡幸田村の動向——　　99

表5-7　幸田生活改善5か年計画

年度	進度	目　標	改善要項
50	啓蒙	啓蒙 宣伝 視察	先進地視察 パンフレット等頒布 モデル台所の設置 連絡協議 時間励行 清潔・整頓 火の用心
51	育成	クラブの育成 実態調査	台所改善試験 浴室〃 改善食の考察 花嫁衣装 改善貯金 公休日の設定 放送施設 簡易水道施設試験
52	推進	グループの推進	台所改善の実施 浴室〃 改良便所設定 郷土料理考案 改善貯金 公休日の実施 放送実施 簡易水道実施
53	活動	クラブの活動	寝室の改善 畜舎の改善
54	完成	総合完成	作業場の改善 屋敷周りの改善

（出典：幸田村役場『昭和二十二年度以降社会教育に関する綴』）

表5-8　東部部落公民館活動内容

年・月・日	行　事	対象	概　況
48. 12. 19	茶道・華道　講習会	青年男女	
12. 28	童話会	子供	
12. 30	懇談会	区民	今年の公民館活動
49. 1. 1	娯楽大会	区民	
1. 5	茶道・華道　講習会	青年男女	
1. 8	研究会	区民	今年の公民館活動
1. 10	映画会	区民	
1. 18	講演会	区民	現代人の宗教的覚醒
1. 21	懇談会	青年男女	
1. 24	講習会	婦女子	手芸
1. 30	講演会	一般	現代の世界状勢
2. 3	研究会	区民	野菜に付て
2. 5	懇談会	区民	実行組合の今後の方針
2. 7	読書会	青年男女	
2. 10	講習会	〃	茶道
2. 14	講演会	一般	家畜飼育方法
2. 18	紙芝居	子供	
2. 20	講習会	青年男女	華道
2. 22	講演会	一般	生活改善に付て
2. 28	映写会	〃	（ナトコ映写）
3. 2	講習会	青年男女	華道・茶道
3. 7	子供会	子供	
3. 11	読書会	青年男女	
3. 15	懇談会	一般	演芸会に付て
3. 18	〃	一般	供出事前割当に付て
3. 20	手芸会	婦女子	

（出典：「東部部落公民館の活動内容」（ガリ版刷り文書））

第6章
戦後初期岐阜県における公民館活動の実態
── 多治見市の動向──

1. 問題意識

1980年代以降、臨時教育審議会の答申を経て、いわゆる生涯学習振興整備法制定に至る「生涯学習体系化」の一連の動きが進む中で、戦後社会教育改革の総決算、戦後社会教育の見直しが強行され、社会教育行政における市町村主義の後退、社会教育行政の一般行政への包摂化、社会教育職員の非常勤嘱託化が進められる等、戦後社会教育行政の基本的原則・積極的な価値は次第に後退を余儀なくされてきている。

さらに昨今の地方分権化と規制緩和にともなう社会教育法改正の動きの中では、社会教育の公共性に対する消極的認識、社会教育行政の独自性に対する否定的な捉え方が支配的となり、それゆえに戦後社会教育改革の民主主義的原則である「社会教育の自由と自治」といった戦後社会教育のすぐれて積極的な教育的価値に対する否定的姿勢等の顕在化といった問題状況が生起していることは、看過できない。

他方、公民館をめぐる環境も1980年代以降大きく変化し、その条件整備の水準は大きく後退している。公民館建設についての国庫補助が廃止され、自治体の行財政「改革」「減量経営」によって、公民館の予算削減、職員体制縮小、経営合理化等が図られてきた。最近では、地方自治体の逼迫した財

政状況のもと、NPM（New Public Management）やPPP（Public Private Partnerships）と呼ばれる公共経営手法の導入が進められ、公共部門の行政経営に民間の経営手法をできる限り採り入れながら、行政の守備範囲の縮小と民間部門への権限委譲を実現することが政策的に目指され、公民館の設置運営についても、いわゆる「指定管理者制度」が一部市町村において導入され、公設公営を原則とする公民館の制度的骨格が大きく揺さぶられる事態となっている[1]。こうして公民館をめぐる状況が大きく変化する中で、公民館の多様・多元的な設置運営の姿が模索されてきている。

　こうした状況の中、戦後社会教育の骨格が形成された戦後初期の社会教育改革の基本的理念とその歴史的特質を改めて精緻に捉えることが、これまで以上に重要な課題となってきている。こうした問題意識のもと、本章では、戦後初期公民館（1946年から1953年の公民館。以下、初期公民館または単に公民館と記す）に注目し、その設立・運営の実態を明らかにすることを目的とする。戦後社会教育改革の一環として構想された公民館は、戦災の傷跡が残る敗戦直後の日本の各地に創設された、戦後社会教育改革の理念を集中的に具現する[2]象徴的な施設とされているからである。そして、社会教育をめぐる今日的問題状況は、公民館をめぐる環境に集中的に現れてきていると考えられるからである。

2．方法視角

　初期公民館研究が本格的に行われる嚆矢となったのは、小川利夫「歴史的イメージとしての公民館――いわゆる寺中構想について――」（同編『現代公民館論』東洋館出版社、1965年）である。その後、笹川孝一「戦後初期社会教育行政と『自己教育・相互教育』」（碓井正久編『日本社会教育発達史』亜紀書房、1980年）等で、初期公民館の研究が進められてきたが、それらは、総じて、文部次官通牒「公民館の設置運営について」（1946年）を中心とし

第6章　戦後初期岐阜県における公民館活動の実態——多治見市の動向——　103

た初期公民館構想に関する文部省レベルの政策論的・総論的研究、あるいは、初期公民館構想の実質的立案者・寺中作雄の「公民」概念に視点を据えた思想的研究が中心であり、地域・自治体における初期公民館の実像やその具体的諸相を実証的に明らかにしたものではなかった。

　その後、著者や上田幸夫によって、地域・自治体における初期公民館の実態について研究が進められるようになり[3]、さらに、拙著『戦後初期公民館の実像』（大学教育出版、2005年）が刊行された。『戦後初期公民館の実像』では、愛知・岐阜の初期公民館の活動実態が実証的に解明されている。

　ところで、公民館は、「市町村その他一定区域内の住民のために、実際生活に即する教育、学術及び文化に関する各種の事業を行い、もって住民の教養の向上、健康の増進、情操の純化を図り、生活文化の振興、社会福祉の増進に寄与すること」（社会教育法第20条）を目的とする教育機関であり、したがって、その設置主体は、国や都道府県ではなく、原則として市町村である（社会教育法第21条第一項）。ただし、営利を目的としない法人に限り、公民館（法人公民館）を設置することができる（社会教育法第21条第二項）。つまり、「市町村が設置する」公立公民館以外に、公民館の設置を目的とする一般社団法人又は一般財団法人は、公民館（法人公民館）を設置することができる。社会教育行政に必要な社会教育に関する基本的事項を明らかにすることを目的として実施されている社会教育調査（文部科学省）によると[4]、全国で法人公民館は5館存在し、岐阜県内に2館、大阪府内に2館、鹿児島県内に1館が設置されている。

　公民館の制度は、いうまでもなく公立公民館の体制を基本としているが、法人公民館も数は少ないものの実際に存在している。とするならば、その設立・運営の実態分析があってはじめて、多様・多元的な設置運営の形態が模索されている今日の公民館をめぐる状況を視野に入れた形で、地域における初期公民館の実像の総合的かつ正当な把握が可能になるといえる。それにもかかわらず、法人公民館の設立・運営の実態に関する研究は、管見の限り、見当たらない。愛知・岐阜の初期公民館の活動実態を実証的に解明した拙著

『戦後初期公民館の実像』の中でも、法人公民館については取り上げられておらず、いわゆるハンドブック（日本公民館学会編『公民館・コミュニティ施設ハンドブック』エイデル研究所、2006年）の一項目として取り上げられている程度である[5]。

　財団法人は、一方で、行政の財政合理化、退職者の再雇用先確保といった、いわば「行政のスリム化」の手段をなすものにすぎないとして批判の対象とされるが、地域内に潜在・点在する学習・教育資源を有機的につなぎ、当該地域独自の人びとの行動原理をよびさまし、その尺度に見合った生き方の追求を支援するといった、より積極的な学習・教育支援を実現しやすい組織形態であるともいわれており[6]、多様・多元的な公民館の設置運営のひとつの形態をなすものとして、法人公民館についてもその具体的な設置運営のあり方を吟味・評価していくことが必要となってくるだろう。

　そこで、本章では、現在設置されている法人公民館のひとつであり、かつ、現存する法人公民館のうちで唯一戦後教育改革期に設立された岐阜県多治見市の財団法人池田町屋公民館を事例として、法人公民館の設立・運営の実態を歴史的に明らかにすることとする。戦後初期の法人公民館の設立・運営の実態に焦点をあて、その歴史的実像を明らかにすることは、従来の研究では比較的追求が手薄であるといわざるを得ない公民館の歴史的性格を把握[7]することをも可能にすると考えられる。

3．法人公民館の歴史的位相

　法人公民館の設置を謳った社会教育法第21条第二項の意義について、法制定時（1949年6月）の文部省社会教育課長・寺中作雄は、次のように述べている[8]。

「B　民法第34条により設置する法人の意義

本項において法人設置の公民館を認めた趣旨は市町村の特殊性により部落が分散しているとか人口の分布が片寄っているとかの理由によって、市町村として公民館を設置するよりも部落または字の如き区域においてその区域内の住民を包括する法人を組織し、その法人組織によって公民館を設置運営する場合を認めることが適当と思われるからである」。

「F　公民館の設置者とその設置区域との関係

市町村自体に積極性がなく一部落のみで独立の公民館を持とうとする場合は、部落というものに法人格を認められていない今日、別に部落住民を成員とする民法第34条による法人を結成し、その法人によって公民館を持つことが必要とされる。この場合に本条第二項の必要が起り、設置主体と設置区域とが一致した公民館となるのである」。

　社会教育法に根拠をもつ正式（法的）な公民館としては、市町村が条例に基づき設置する公民館（公立公民館）及び公民館の設置を目的とする一般社団法人又は一般財団法人が設置する公民館（法人公民館）がある。他方、こうしたもの以外に、町内会・部落会・集落（区・字）等の地域住民組織を基盤として、公民館と同様の事業や活動を実施しており、通常「公民館」と呼称しているが、正式（法的）には公民館にはあたらない施設がある。また、「公民館」以外の名称で建設されたもので、市町村が条例で設置している社会教育会館等の地域施設や公民館と同様の事業・活動を行うことを目的に運営されている施設がある。これらの施設は、「公民館類似施設」とされ、「何人もこれを設置することができる」（社会教育法第42条）とされている。公民館類似施設は、自治公民館、部落公民館、集落公民館、町内公民館、字公民館、地域公民館等の名称で呼ばれることが多い（以下、自治公民館・集落公民館と記述する）[9]。

　寺中が法人公民館の設置を謳った社会教育法第21条第二項の意義について述べていたところからも明らかなように、社会教育法制定時において、法人公民館は、これらのいわゆる自治公民館・集落公民館を正式（法的）に位置づけようとする場合の「受け皿」として構想されたものであったといえる。

当時、文部省や自治体において、自治公民館・集落公民館の設置・存在については、疑義が出されていた。例えば、1949年10月に、東海・近畿2府7県公民館々長協議会（会長・愛知県桜井村公民館長）の公民館長会議が開催され、文部省から社会教育施設課長、担当事務官、社会教育連合会から参事が出席したが、この会議において、「部落公民館と分館、公民館類似施設」の設置・存在について疑義が出され、「部落公民館と分館、公民館類似施設」については、「町村へ移管すべき」あるいは「文部省がもっと積極的に類似施設を禁止する規定の必要がある」などの意見が出されたこともあった[10]。

　裏を返していえば、いわゆる自治公民館・集落公民館は、社会教育法第42条の「公民館類似施設」としてではなく、「部落住民を成員とする民法第34条による法人」立の公民館として位置づけられるべきだとされていたのである。しかしながら、法人格取得の手続きの煩雑さ等のためか、いわゆる自治公民館・集落公民館の法人公民館としての設置は、実際には進まなかった。

4．財団法人池田町屋公民館の設立

（1）池田町屋公民館の発足

　岐阜県多治見市の財団法人池田町屋公民館は、社会教育法にいう法人公民館であり、社会教育法公布・施行以前の1947年8月8日に開館している。当時、岐阜県において公民館事務を担当していた安福彦七の日記によると、池田区は財産（山林）を保有していたが、法改正により、区では財産保有が出来なくなって、財団法人に切り替えて公民館をつくったとのことである[11]。

　安福の日記の中に示されている「法改正」とは、「町内会部落会又はその連合会等に関する解散、就職禁止その他の行為の制限に関する政令」（1947年5月3日政令第15号）のことである。

第 6 章　戦後初期岐阜県における公民館活動の実態──多治見市の動向──　*107*

　周知のとおり、「市制町村制」施行前年の1888年に、全国的に大々的な町村合併（いわゆる明治の大合併）が進められた。一般的に合併によってできた村は「行政村」と呼ばれ、合併前の旧村は「自然村」と呼ばれた。「自然村」は「行政村」の一部に組み込まれたが、旧村有財産の統合は見送られ、「財産区」として残される形となった。「自然村」は、「行政区」として、「行政村」の内部に政治的単位としてではなく行政的単位として残されることとなった。この後、「行政区」は、町内会・部落会へと移行していく[12]。

　池田区は陶業の中心地として知られ、財産区として陶業に使用する薪炭や陶土等の採取のための山林を有していた[13]。しかし、政令第15号により町内会・部落会等の解散が命ぜられたため、池田区においても山林をはじめとする区財産の保有ができなくなることが危惧され、その処理が大きな問題となっていた[14]。

　　　「昭和二十二年五月の政令により、池田町屋の様相も一変するのやむなきに
　　　至り厖大な山林と資産を有している池田区のため、最良の進展を念願してい
　　　たのであるが、従来池田区には税が相当あって、前途憂うべき状態の内にも
　　　前区長日比野良介氏及びその他熱誠なる指導者により、池田区昌盛の一歩と
　　　して、元部落会正副会長、前村会議員、其の他の方々と方法につき熟慮の結
　　　果、四案を決定した」。

　池田区においては、区で保有できなくなった山林等の財産の処理をめぐって、区の元役員や各種団体代表等が「慎重な審議」を重ねた結果、次のような４案が、善後策として示された[15]。①財団法人を設立し、公民館を設置して、公民館が区有財産を管理する。②区有財産を市に譲渡し見返書を取る。③区有財産を代表者名義にする。④区有財産全部を個人有にする。

　この４案をさらに「再三協議の結果」、「地域の団欒、住民の集う場所も必要」との当時の住民、とりわけ青年層の強い要望もあり[16]、①の財団法人案に「一致決定し」、「代表者名義の登記」と「『財団法人池田町屋公民館』の設立」を進めた[17]。いうならば、政令第15号により戦前・戦中の区（部

落会）で保有できなくなった山林等の区有財産の処理をめぐって、いわば区有財産保持・管理の「隠れみの」として、財団法人立の池田町屋公民館が設立された経緯があったのである。

こうした「青年層を中心として」進められた「区有林を基本財産にして財団法人組織の館を設立する」計画は、「一部保守的な老壮年層から“区有林を個人に分割せよ”との反対を浴び」、計画は頓挫しかかったが、青年層を中心とする「外観より内容を充実せよと看板一枚から元気一杯新発足する」との「熱意にホダされ」[18]、「その後区有林処分問題も難なく解消」したとのことである[19]。

1947年6月18日に財団法人の設立許可がおり、6月26日には登記を完了した[20]。そして8月8日に開館式を挙行し、「理想郷建設のため目出度く出発」の運びとなった[21]。こうした経緯もあって、住民とくに池田町屋公民館設立に関わった青年層の間では、「おらが公民館」としての意識が強く、公民館に対する親しみも深かったという[22]。

（2）池田町屋公民館の運営組織

公民館の事業は、館長・理事（13名）・監事（3名）のもと、教養部、図書部、産業部、厚生部の4部体制で進められることとなった。

開館当初は独立の建物を有しておらず、事務所を池田小学校内に、また、会議室を同校裁縫室に置くこととなった[23]。

第6章　戦後初期岐阜県における公民館活動の実態——多治見市の動向——　109

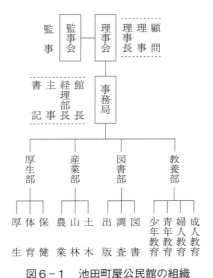

図6-1　池田町屋公民館の組織
（出典：『財団法人池田町屋公民館運営規則』（ガリ版刷り文書）から作成）

（3）建物の建設

　1948年5月には、池田町屋公民館の独立館が建設される。「財団法人池田町屋公民館は誕生」以来、「あらゆる面にわたって輝かしい足跡を残してきた」が、「建物がなく、その点が不満」であった[24]。徐々に、公民館の独立館建設の気運が地区住民の間に高まり、「関係者が協議した結果」、独立館を建設することが決定された[25]。

　公民館建設のための土地は、住民からの寄付により確保し、建物の建設は住民の「勤労奉仕」によってなされた[26]。1948年の1月の8、9、10、11日の4日間、「一世帯から一人ずつ出勤、寒気をついての地均しに始まり」、2月5日に本格的な工事に着手した[27]。3月11日に上棟式を行い、4月29日に内部工事が竣工した。そして5月8日にいよいよ落成式を迎えた。「住民一般の協力は勿論」、近隣地区からも「汗の奉仕」があり、「池田総がかりの美しい協力によって落成」した施設で、「新装なった公民館は台地にその美しいスマートな姿を陽光に輝かしてい」たとのことである[28]。工費は

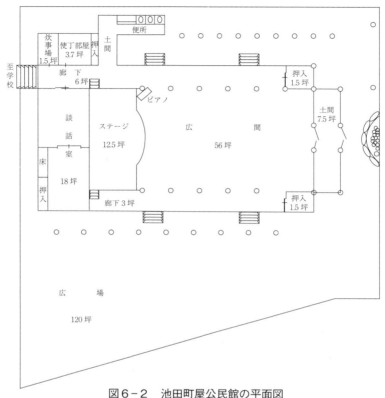

図6-2 池田町屋公民館の平面図
(出典:『財団法人池田町屋公民館平面図』(ガリ版刷り文書) から作成)

「百五十万円」を要し、総敷地「三一五坪」、総建坪「一二三坪」、「内部は白天井」で「見るからに明る」く、ホールには「約五百人」が収容でき、その前に一段高く「五間に二間半」のステージがあり、さらにその裏側に和室が2室配置されていた[29]。

(4) 池田町屋公民館の事業内容

　池田町屋公民館は、独立館を得て、より積極的にその活動を推進していくこととなる[30]。

第6章　戦後初期岐阜県における公民館活動の実態——多治見市の動向——　*111*

　館の運営は、「所有財産（山林）収入と住民の自主的寄付金で」なされ、「運営方針」は、「すべて理事会」で決定された[31]。「公民館の実践運動を浸透させるために」、「役員は各種団体代表者や町民代表者」から選任され、「住民の手による」公民館運営が目指された[32]。

　事業は、教養・図書・産業・厚生の4部門にわかれ、公民館報『理想郷』の発行、図書・新聞・雑誌の購入、「山林、農業、味噌・溜醸造から娯楽、体育、診療所その他の社会事業」が進められた[33]。各部別（公民館設置当初）に実施された事業内容を示してみると、おおむね以下のとおりとなっていた[34]。

・教養部…文化教養に関する各種講座、研究会、講演会等
・図書部…図書の購入、回覧、保管及び読書指導等
・産業部…土木：土地改良、河川橋梁道路に関する事業の地元負担等
　　　　　山林：山林の伐採、手入れ、植林、山林の維持経営等
　　　　　農業：開墾、土地改良、農業経営の合理化、農産物の加工、副業
　　　　　　　　の奨励等
・厚生部…保健：保健衛生一般、診療所の経営、共同浴場の経営等
　　　　　体育：体育振興、運動員の整備等
　　　　　厚生：生活の合理化、健全娯楽、社会事業等

　より具体的には、1948年度には、次のような事業が進められた[35]。

　「住みよい町に仕上げるために」、まず、「共同浴場」が開設された。隔日に開かれ、利用者は1日にのべ「五百人もあった」。「春秋農繁期」には、「保育園」が開設された。また、館には「葬具一式と棺材を整備し」て「住民に貸与」し、このことによって、「葬儀の費用が激減し」、「館の有り難味が住民にしみこんだ」とのことである。

　「産業面」では、「七十町歩の開墾、八町歩の排水を完成」させた。さらに、「植林にも手をつけ」、加えて、「郷土の獣医を動員し」て「家畜の診断を行

い」、「早期治療により優良家畜の発展に寄与」したとのことである。

「家庭婦人を対象」に、「石けんの製造講習会」も開催された。その他、「保有する山林の収入がある」ので、それを活用して「小学校の給品部設置に財政的援助をし、学費の軽減と生徒の自治能力の養成に成果を」あげていたとのことである。

「教養面」では、国及び県の勧奨のもとに婦人学級を開設し、「新教育とかなづかい」「新語の常識」「新聞」「衛生と生活」の４講座を実施し、「百六十名の受講」があった。その他、成人と婦人の「混合学級」や「座談会」「幻燈会」「公民館を中心に率直に語る公聴会」等が開催された。「医師による診療所を開設する計画」も進められていた。

このように、戦後初期における池田町屋公民館においては、生産復興・産業指導・医療・福祉・保健・生活改善等、郷土社会の復興や人びとの生活福祉に関する活動が多彩に繰り広げられた。区有財産保持・管理の「隠れみの」として設立された経緯もあって、池田町屋公民館の活動は、地域に居住するすべての住民によって組織される区（部落会）及びそれと実質的に一体である財産区に依拠し、支えられていた。そうした地縁的な諸団体を基盤とし、区（部落会）及びそれと実質的に一体である財産区と公民館が一体化されていたがために、池田町屋公民館の活動は、教育あるいは文化に関する事業に狭く限定されるのではなく、地域ないし住民の生活問題にトータルに取り組む姿勢[36] をより一層鮮明にすることとなった。

戦後初期の池田区においては、一般的には行政の末端機構としての側面を持ち合わせ、封建的な古さやその「残存」形態が批判される[37] 区（部落会）及びそれと実質的に一体である財産区が、生産・生活の復興、そして自治の基礎単位として重要な役割を果たしていた。そうした区（部落会）及びそれと実質的に一体である財産区の機能を維持するための「隠れみの」として設立された法人公民館であったからこそ、公費に依存しない強固な財政基盤が保障されるとともに、運営上の自由・自立性が確保されたといえる。そして、そうした強固な財政基盤と運営上の自由・自立性の上に、地域における生産

第6章　戦後初期岐阜県における公民館活動の実態――多治見市の動向――　113

上、生活上の諸課題と関連づけられながら学習課題化された公民館活動が活発に展開されることによって、公民館が人びとの暮らしの協同や相互扶助、自治の基盤として張り巡らされたセーフティネットとして機能することが可能になったといえる。

　こうした池田町屋公民館の実践の中には、自らの「リアルな生活要求」を満たしてくれる場として公民館を捉えて、多種・多様な学習・教育活動を生み出していく住民の姿が見られる。一方で、区有財産保持・管理の「隠れみの」として池田町屋公民館が設立された経緯があるにしても、他方で、池田町屋公民館の実践の中からは、初期公民館が、その実質的機能において地域の現実や住民の「リアルな生活要求」に関わる民主的な社会教育実践を生みだす基盤を構築するものであったことが確認できる。そして、こうした過程に、自らの「リアルな生活要求」を実現するものかどうか、自らの生活向上・生活改善を保障する制度であるかどうかという視点から、公民館の制度を積極的に選び取り、自らの生活の論理によってそれを活用し、自らの生活向上・生活改善を実現していこうとする、住民の主体的・能動的な姿を垣間見ることができる。

　なお、池田町屋公民館は、こうした運営方法及び事業内容が評価され、「地方産業の振興と結びつき大きな収穫をあげている」との理由から、1948年には、岐阜県優良公民館として表彰されることとなった[38]。

5. まとめに代えて

　以上、法人公民館のひとつである財団法人池田町屋公民館の設立・運営の実態を素描した。

　池田町屋公民館の設立にあたっては、政令第15号により戦前・戦中の区（部落会）で保有できなくなった山林等の区有財産の処理をめぐって、いわば区有財産保持・管理の「隠れみの」として法人立の公民館が設立された経

緯が明らかとなった。また、池田町屋公民館の事例においては、形式上は区有財産保持・管理の「隠れみの」として公民館の設置が進められながらも、実質においては、住民が公民館の組織・運営の基盤とされ、その運営は直接住民の手に委ねられており、こうした池田町屋公民館の実態の中に、「おらが公民館」として親しみをもち、自らの「リアルな生活要求」を満たしてくれる場として公民館を捉え、多種・多様な学習・教育活動を生み出していこうとする住民の自生的な姿とそこに底流する民衆意識を垣間見ることができた。地域に居住するすべての住民によって構成され、地縁的な拡がりの中で、地域の共通の利益の促進を通して、地域の自治の創造に寄与し、コミュニティ形成機能を果たす区（部落会）及びそれと実質的に一体である財産区と、生産・生活・自治が営まれる地域において、人びとの学習・教育と学習・教育活動を通した人びとの生活向上と自己実現を主題とする教育機能を果たす公民館が融合され、自治、生産、生活福祉に関わって多彩な活動を繰り広げる総合的な地域センターとして位置づけられた法人公民館の実像が浮き彫りとなった。

　以上の検討をとおして垣間見えてきた論点及び今後の研究課題を提示し、全体のまとめに代えることとする。

　それは、公民館の歴史的性格についてである。公民館の歴史的性格については、小川利夫により、戦前日本の「公民館的なるもの」として、農村公会堂・全村学校・市民館（隣保館）の３つの戦前的系譜が指摘されている[39]。

　小川は、戦後教育改革期に構想された公民館（いわゆる寺中構想）について、構想者たる寺中作雄個人の役割を「不当に過大評価」するのではなく、それが「どのような歴史的イメージとその論理にささえられていたか」を明らかにしなければならないとした。そして、戦前日本の「公民館的なるもの」として「農村公会堂構想」「全村学校構想」「市民館（隣保館）構想」の３つを指摘し、それら「公民館的なるもの」と寺中構想との関連を考察した。

　小川は、寺中構想の形成にとって重要なのは、第１に「農村公会堂構想」であるとし、公民館が、社会教育機関としてのみならず、社交娯楽・自治振

第6章　戦後初期岐阜県における公民館活動の実態──多治見市の動向──　　115

興・産業振興等を総合した町村振興の「総合機関」として位置づけられたの
は、戦前日本の「公民館的なるもの」の流れが寺中構想の中にあったからだ
と指摘する。そして、社交娯楽・自治振興・産業振興等を含んだ「総合機関」
として公民館を位置づける寺中構想は、「一種の政治的・イデオロギー的囲
い込み運動の役割を果たしてきたといわれる日本の地方自治政策と深い関
連」があり、「明治一〇年代よりは二〇年代、とりわけ明治三〇年代以降の
いわゆる地方改良運動の歴史的所産」[40] であるとする。そして、「いわゆる
寺中構想は、少なくともその主体的形成要因において、必ずしも戦後『民主
化』の産物とはいえない。それはむしろ戦前からの『歴史的イメージとして
の公民館』構想が、戦後直後の混乱の中で新しい粧のもとに開花したもので
あり、この意味ではけっして画期的なものでも何でもなかった」[41] と結論
づける。

　本章で取り上げた財団法人池田町屋公民館が、区有財産保持・管理の「隠
れみの」としてその誕生をみたという事実に着目するならば、公民館の戦前
的系譜として、小川の指摘する3つの系譜に加えて、町内会・部落会及びそ
れらと一体化した財産区、さらにはそれらにおける隣組を視野に入れること
が必要になってくると考えられる[42]。明治の町村大合併により成立した
「行政村」内部の「自然村」＝「行政区」（町内会・部落会）が基盤となって
公民館が設置運営されていった事例を無視することはできないであろう。

　池田町屋公民館以外の地域・自治体においても、公民館の戦前的系譜が町
内会・部落会であることを証左する、ある村長（当時）の証言がある[43]。
岐阜県国府村のことである。

　　「昭和二十二年五月突如政令第十五号により町内会や部落会が解散を命ぜら
　　れたので、区長は認められないことになった。国府村では早速各区に納税施
　　設法に依る納税組合を設けさせ、区長であった人を納税組合長に挙げさせて
　　従来区長の取り扱っていた事務全部を取り扱わせるよう措置した。ところが、
　　納税施設法も廃止されたので納税組合長も失格となった。その頃軍政部にお
　　いては公民館の設置を認めておられたので、早速役場内に国府村公民館の組

織を設けて村長が公民館長となり、各区に公民館分館を置くこととして納税
組合長であった人にその区の分館長を命じ、従前区長の取り扱っていた事務
全部を取り扱って貰うことにした。そして分館長宅に『国府村公民館○○分
館』の標札を掲げた。標札を掲げると、共同作業所等区有の建物の有る区で
は、分館の標札をその建物に掲げてそこで納税の取りまとめをしたり各種会
合を開くようになった。それが非常に便利であり区に公民館分館の必要なこ
とがはっきりしたのである」。

こうした公民館の戦前的系譜とその歴史的性格について、仮説的な規定を
越えてより精緻な形で捉えるためには、地域の住民の生活史的研究を踏まえ
た検討が、今後必要となってくるであろう。

【注】
1）小林文人「公民館60年の歩みが問いかけるもの」東京・沖縄・東アジア社会教育
　　研究会『東アジア社会教育研究』第11号、2006年を参照。
2）宇佐川満「公民館構想について」『大阪学芸大学紀要9』1968年、小林文人「公民
　　館の制度と活動」国立教育研究所編『日本近代教育百年史8社会教育（2）』教育研
　　究振興会、1974年等。
3）益川浩一「戦後初期愛知県における公民館の設立・運営過程に関する研究」日本
　　教育学会『教育学研究』第69巻第2号、2002年、上田幸夫「初期公民館における職
　　員の形成過程に関する一考察」『日本社会教育学会紀要』No.20、1984年等。
4）文部科学省生涯学習政策局調査企画課『平成20年度社会教育調査報告書』2009年、
　　国立印刷局。
5）前掲、益川浩一『戦後初期公民館の実像』、及び、益川浩一・水谷正「法人公民
　　館」日本公民館学会『公民館・コミュニティ施設ハンドブック』エイデル研究所、
　　2006年。なお、本章は、『戦後初期公民館の実像』と同一の方法視角に基づきなが
　　ら、本書においては取り上げられていない法人公民館の事例について検討するもの
　　である。
6）石井山竜平「社会教育関連財団・第三セクターの法的位置」『日本社会教育学会
　　紀要』No.37、2001年。
7）小川「歴史的イメージとしての公民館―いわゆる寺中構想について―」同編『現
　　代公民館論』東洋館出版社、1965年等を参照。
8）寺中作雄『社会教育法解説』社会教育図書株式会社、1949年、pp.120-123。

9）これまで、自治公民館・集落公民館の実践として、鳥取県倉吉市の自治公民館や沖縄の字公民館等の取組みが注目されてきた（鳥取県倉吉市発行『自治公民館のあゆみ』1993年、小林文人他編著『おきなわの社会教育』エイデル研究所、2002年を参照）。

　公民館類似施設の数についての正式統計はないが、全国公民館連合会の調査によると、条例設置ではないが「公民館」という名称をもつ施設の総数は、48,693館にのぼるとされる（全国公民館連合会編『全国公民館名鑑平成17年版』ぎょうせい、2005年を参照）。

　例えば、長野県松本市には、各町内会（町会）に385の町内公民館が組織されている。各町内公民館は町会が管理・運営を行い、町内の活性化・学習拠点として機能している。具体的には、①お茶飲み会等の交流活動、②新年会等の親睦活動、③環境、福祉・介護等の学習活動、④伝承行事等の文化活動、⑤介護予防教室等の健康福祉活動、⑥歩け歩け大会等のスポーツ活動、⑦館報発行等の広報活動、⑧団体・サークルへの支援活動等を進めている（松本市教育委員会発行『町内公民館活動のてびき第5次改訂版』2005年を参照）。

10）『公民館月報』1949年11月号、p.5。

11）安福彦七の日記（本人から提供を受けた）より。1947年8月8日付け。

12）小滝敏之『市民社会と近隣自治』公人社、2007年、中田実『地域再生と町内会・自治会』自治体研究社、2009年を参照。

13）財団法人池田町屋公民館『池田町屋公民館関係綴　昭和22年起』、p.2。

14）同前、p.47。

15）同前、p.48。

16）筆者の池田町屋公民館前館長・野村勝忠へのインタビュー調査による。2005年6月2日、池田町屋公民館にて、インタビュー調査を行った。

17）前掲、『池田町屋公民館関係綴　昭和22年起』、p.48。

18）『中部日本新聞』1948年11月16日付け及び筆者の野村勝忠へのインタビュー調査による（2005年6月2日）。

19）前掲、『池田町屋公民館関係綴　昭和22年起』p.48。

20）同前。

21）同前。

22）筆者の野村勝忠へのインタビュー調査による（2005年6月2日）。

23）財団法人池田町屋公民館発行公民館報『理想郷』1948年5月号。

24）同前。

25）同前。

26）筆者の野村勝忠へのインタビュー調査による（2005年6月2日）。

27）前掲、『池田町屋公民館関係綴　昭和22年起』pp.48-49。

28）前掲、『理想郷』1948年5月号。

29）同前。

30）筆者の野村勝忠へのインタビュー調査による（2005年6月2日）。

31）『岐阜タイムズ』1948年11月3日付け。

32）同前。

33）同前。

34）「財団法人池田町屋公民館運営規則」（ガリ版刷り文書）。

35）前掲、『中部日本新聞』1948年11月16日付け。以下、1948年度の池田町屋公民館
　　の事業内容に関する記述は、本資料に基づいた。

36）小林文人編『公民館の再発見』国土社、1998年。

37）前掲、『おきなわの社会教育』。その他、小川利夫「公民館の現代的性格」『月刊
　　社会教育』1965年6月号、7月号、小川利夫「公民館『万能主義』への疑問」『月刊
　　社会教育』1963年10月号、小川利夫「『自治公民館』の自治性」『月刊社会教育』
　　1963年3月号等を参照。

38）前掲、『岐阜タイムズ』1948年11月3日付け及び『中部日本新聞』1948年11月16
　　日付け。

39）前掲、小川「歴史的イメージとしての公民館―いわゆる寺中構想について―」。

40）同前、p.15。

41）同前、p.23。

42）こうした指摘がないわけではないが（例えば、安原昇「公民館の歴史」現代公民
　　館研究会編『公民館経営ハンドブック1』日常出版、1977年）、実証的な検証を経て
　　導き出された論ではない。

43）前名三蔵『筆の滴　続編の二』私家版、1987年、p.95。

第7章

戦後初期岐阜県における青年学級の動向

1．問題意識

　わが国の社会教育は、その成立当初より、初等義務教育の「補足」、さらにいえば中等教育の「代位」という役割を期待されており、勤労青年教育に比重のかかった社会教育として定着していった[1]。ところで、戦前の社会教育に対する反省に立って、国民の「教育を受ける権利」（憲法第26条）の具体的表現として社会教育を捉えようとした戦後においても、勤労青年教育が重視されたことは変わらなかった。とりわけ、1940年代末から50年代の青年学級の隆盛に、そのことはよく示されている。

　本章は、地域・自治体とりわけ岐阜県内における青年学級の取組みに注目し、地域・自治体における青年学級創設の歴史的経緯と活動実態について考察し、その歴史的な生成・終焉過程を明らかにすることを目的とする。そのことが、今ひとつ展望を見いだせていないとされる今日の地域・自治体における社会教育ないし社会教育における青年教育の今後の方向性を見定めていく上で有用であると考えられるからである。

2．岐阜県における青年学級創設の動き

　岐阜県においては、県内青年団の代表で構成される県青年連絡協議会（県青協）が、1949年10月29日の定例会議で「青年学級の開設試案の検討」を議題として取り上げている。また、1950年1月26日の県青協の第12回定例会議で「青年学級の開設勧奨」が議題となり、同年3月18日の「県青協緊急会議」でも「青年学級の振興」が取り上げられている。同年6月4日には、県青協役員によって「"青年団と青年学級について"研究協議」が行われ、6月16日から2日間「高山市青年学級研究会」が開催されている。この高山市の研究会以降、各郡市で研究会が盛んにもたれ、青年学級の設置が進んでいく。こうして、岐阜県においては県青協を中心とした青年団の側からの働きかけによって、青年学級設置の動きが進むこととなる[2]。

　他方、社会教育行政の側も、早い時期から青年学級の設置奨励に乗り出していた。1949年11月17日付で「青年学級設置状況調査について」県教育長依頼文書と「青年学級設置勧奨に就いて　岐阜県教育委員会案」を各町村長・学校長宛に発している。「青年学級設置状況調査について」では、「設置の主体」（当該町村、公民館、青年団等）、「経営の対象」（年齢、性別）、「運営の場所」（公民館、小中学校等）、「教科の内容」（科目、年間実施時間数）、「指導者」（篤農家、技術家、学校教官等）、「生徒数」（学級設置の専任主事があれば附記）、「予算（年額)」の各項目について報告を求めている。「青年学級設置勧奨に就いて　岐阜県教育委員会案」は、1950年3月に県教委が発刊した『青年学級運営の手引』に、ほぼ同様の内容で「青年学級開設要項」として記載されており、「要項」の原案と言えるものである。そこでは、勤労青年の学習・教育機会である定時制高校の岐阜県における貧弱な状況の中で、青年学級の設置が緊急の課題となっているとする認識から、「青年学級は町村の責任に於いて設置すべき」であるが、各地の実情と青年の実際生活に即した教育を行うため、町村内の関係団体と連携して「有機的計画的に社

会教育の一環」として青年学級は実施されるべきだとされた。青年学級の
「対象」については、原則として「義務教育終了十七才より二十才まで」と
された。「場所」は「公民館（之に代る小中学校集会場等）」とされている。
「教課」については、「その青年学級の実態に即して教科課程を構成すべきで
ある」としながらも、「公民教育と実業教育」を基本にするとされた。

　また、青年学級運営の「中心推進力となる事務官的人物を配することが望
ましい」として、「専任主事－公民館主事」を挙げている。なお、『青年学級
運営の手引』に収載された「青年学級開設要項」では、設置の「主体」につ
いて、「青年学級は地域社会の総意による責任に於いて設置される市町村の
社会教育機関である」から、「その開設に当っては、市町村毎に青年学級運
営委員会を組織し企画運営に当るのが望ましい」とされている。「岐阜県
教育委員会案」の延長上に、具体的に青年学級を「開設」する場合には、関
係団体の協力による「運営委員会」が当るのが望ましいとしている。こう
して、社会教育行政の側からの青年学級設置に向けた動きが始まることにな
る[3]。

　そのような中、1950年度9月県議会に向けて県教育委員会が知事に送付し
た追加予算が知事査定により減額され、それに同意しなかった教育委員会が
県議会に独自の予算案を提出するいわゆる「二本建予算」の問題が生じる。
この段階の知事査定では青年学級振興補助金が全額削減されていた。そして、
9月議会で持ち越された「二本建予算」は11月議会にかけられることに
なったが、これに向けた教育委員会の予算原案に対する知事の査定が1950
年11月18日に行われ、そこでようやく青年学級振興補助金（220万円）は認
められる[4]。また、1950年11月12日には、「一泊二日間、緊急郡市青年団長
会」が開かれ、「青年学級予算獲得のため、各郡市青年団幹部は県会議事堂
に集結し、地元出身議員に陳情」したという[5]。青年団が社会教育行政と協
調して青年学級設置を進めていったことがうかがえる。

3．青年学級開設の基盤

先述した「青年学級設置状況調査」の結果は、県教委が1950年3月に発行した『青年学級運営の手引』に収載されているが、当時の342市町村の38%に当たる130市町村ですでに青年学級は開設されていた。青年学級就学者数は10,858人と報告されている。それは、当時の岐阜県の「勤労大衆青年数」98,853人の約11%に当たる人数であった。「青年学級開設要項」によって社会教育行政が設置を奨励することとなった青年学級は、すでにこの時点で勤労青年の約11%が「就学」するという基盤をもっていたのである。

4．吉城郡国府村青年学級

それでは青年学級はどのように運営され、青年はどのように学んでいたのであろうか。ここでは1950年11月23日に開設された吉城郡国府村（現高山市）の青年学級を紹介する。国府村青年学級は、県のものに準じて作られた「吉城郡国府村青年学級開設要項」（昭和25年、国府村）に基づいて開設されている。それによると、設置の「主体」は「社会教育機関である公民館」とされた。その「運営企画」は「村長、村議会議長、村議会教育委員長、各学校長、婦人会長、連合青年団長、副団長で構成」される「運営委員会」が当たるとされた。「対象」は「義務教育終了後二十才までの青年男女」とされ、21歳以上の者も「希望により入学せしめ」とされている。「場所」については、設置の「主体」は「公民館」とされながら「国府中学校」とされ、「教養課程」の「社会、国語」は「各小学校」とされた。

「教科課程及び時間数」については、「職業課程（農業、商業の選択）男子一〇〇時、女子二〇時」「女子の家庭課程（被服、調理、家族関係、育児、経理、衛生、住居）一八五時」「男子女子共通の家庭課程（家庭生活の理解）

一〇時」「教養課程（社会、国語、理数）男子女子四〇時」「生活課程（時事、レクリエーション、保健、団体運営）男子女子六〇時」「合計時間数男子二一〇時女子三一五時」とされていた。「開設の時期」については、「農閑期における休日の昼間を建前とし」とされ、「社会、国語」は「各小学校」で「夜間」開設するとされている。「職業課程」及び「家庭課程」の男女別履修とも言える編成と、男女の履修時間数の相違が目立つ「教科課程及び時間数」となっている[6]。また、国府村青年学級では、「農業科」「商業科」「家庭科」「社会科」「国語科」「理数科」「生活科」の各「教科」に、配当時間数も含めた「単元」が、「一学年」から「三学年」まで定められていた。例えば「理数科」では、「一学年」の「力の合成、分解、釣合、馬力、有効率、応用器具、度量衡、面積、利息算」、「二学年」の「電気、電気応用器具」、「三学年」の「光、工学器具、測量」の各「単元」である[7]。

　国府村青年学級は、基本的に県の「青年学級開設要項」に沿って開設されている。しかし、「とりあえずは義務教育終了後一年は準義務制とし順次三年までを準義務制とする」として、県の要項には明示のない「学年」制をとることが計画されていた[8]。学校教育に準じる形で青年学級の開設が計画され、それゆえ青年団活動とは一定独立して運営されたところに、国府村青年学級の特徴があったと言える。

5. 武儀郡上之保村川合青年学級

　国府村青年学級とは対照的に、次に紹介する武儀郡上之保村（現関市）川合青年学級は、青年団活動と一体化した「青年団即青年学級」の活動を展開したところに特徴があった。川合青年学級は「上之保青年学級の中の一支部である青年学級」であり、「上之保村青年団が自主的に設けたもの」であった[9]。このような開設の経緯から、川合青年学級は上之保村青年団川合分団の青年団活動と一体化して運営されていた。以下、「上之保村川合青年

学級経営大要」（昭和28年２月15日　上之保村教委）から、川合青年学級の
1952年度の活動を紹介する。

　川合青年学級は、県の要項をふまえて開設されていたが、「運営の方針」
として「青年団の事業と一体となって、青年団即青年学級とする」とされた
ことから、「対象人員」については「青年団員を全部其対象とした」とし、
原則として20歳までの者とした県の要項とは若干の相違があった。すなわ
ち、「川合区に居住する一五才以上二五才までの男女青年」32名の青年団員
全員（内７名が21歳以上）が青年学級生とされたのである。「運営機構」に
ついても、上之保中学校長と公民館川合分館主事が「経営責任者」とされな
がらも、「学級長」は上之保村青年団川合分団長とされただけでなく、川合
分団文化部長が「企画部」（期日、時間、授業時間表、青年団行事との連絡
統一）、「教科部」（教科課程一般、教科書購入、図書購入、希望教科の調査）、
「出席督励部」（出席・就学督励とその障害除去、出席簿記入）、「会計」の各
業務を統括するとされ、青年学級運営の実質が青年団分団に任される形と
なっていた。「教科課程」のうちの「体育科」（18時間）に関しては、「青年
団行事として分団対抗の野球、卓球、陸上競技の試合をするので之の機会に、
練習を兼ね技術の練習を研究させる」とされ、分団の体育活動に青年学級活
動が依存するような形となっていた。

　経費面においても、講師手当・図書費・消耗品費・出席督励費の合計１万
9,500円の支出に対し、「上之保公民館よりの支出一〇、五〇〇円」と「青年
団員の事業により得た利益金九、〇〇〇円」の収入が予定されており、青年
団への依存度が高い。

　1952年度「上之保村川合青年学級年間計画表」には、単元に近い形にまと
められた指導内容が、各「教科」ごとに配当時間をつけて配列され、川合青
年学級の「教科課程」年間計画を示すものとなっているが、こうした「教科
課程」も、県の要項に準拠して編成されただけのものではなかった。青年団
川合分団は、1949年度から「毎月四回以上、夜間、珠算、国語、社会科、農
業等」を学ぶ「青年講座」を「青年クラブを会場として」開催していた。そ

こでの講師は、「主として、小学校長、寺院住職、農業指導員に依頼した」
という。1952年度の川合青年学級の「教科課程」は、この「青年講座」の学
習・教育内容が再編され成立したという性格を持っている。また、川合分団
の青年は、1946年から1948年の8月に「一週間の夏期講座」を開いている。
こうした「夏期講座」や「青年講座」の開催により学習・教育活動を積み重
ねてきた青年団活動の伝統の上に、川合青年学級の「教科課程」は成り立っ
ていたのである。その意味においても、川合青年学級の活動は、青年団活動
と切り離せない関係であった。

6. 青年学級振興法の制定と青年学級

　岐阜県において「青年学級開設要項」が出される以前の1949年11月から
12月に行われた「青年学級設置状況調査」では、青年学級が既に開設され
ていた市町村は130、設置率38％であったが、「昭和二五年一二月県下青年学
級開設調」では、設置率91％と報告されている。県の要項によって、青年学
級の開設が各市町村で急激に進んでいたことが分かる。それ以降も青年学級
の開設は順調に進み、1953年度にはその設置率は100％に達している[10]。
　岐阜県内において青年学級が急速に普及しつつある中、国は、1953年8月
に、青年学級振興法を公布することとなった。岐阜県は振興法の公布を受け、
「青年学級振興法施行に伴う県教委方針」を「五方針」として示した[11]。そ
れは「一. 市町村財政の確立」「二. 青年学級主事の配置」「三. 実施機関の
適正」「四. 教育内容の確立」「五. 運営委員会の構成」であった。「一」は、
1951年度以来の県費補助金に加え、今後国費補助金が見込めるものの、それ
に依存して「市町村の青年学級費が今までよりも減額されることのないよう
に」とするものであった。「二」は、これまでに「専任指導者一六〇名の配
置を得たことは誠によろこばしいこと」とした上で、「更に各市町村にも青
年学級専任主事（公民館主事兼務も可）の任命を期待して止みません」とす

るものであった。「三」は、青年学級の実施機関が市町村の設置する公民館
又は学校とするとされたことを契機に、公民館未設置市町村に公民館設置を
訴えるとともに、「学校教職員各位の積極的活動を期待して止みません」と
するものであった。「四」は、青年学級とは、勤労青年に対し「実際生活に
必要な職業または家事に関する知識及び技能を習得させ、並びにその一般的
教養を向上させることを目的」とするという振興法第2条の条文に関連して、
「実際生活に必要な職業または家事に関する知識及び技能を習得させ」るこ
とは「徒弟教育」ではないこと、また「一般的教養を向上させること」は学
校教育の「補習教育」ではないことを注意したものであった。「徒弟教育」
や「補習教育」の場として青年学級を理解するのでは、青年の「自主的参加」
は得られず、「魅力ある学級」にはならないというのである。そして、青年
学級の「教育内容」は「あくまで青年個々並びに家庭、地域社会の課題をと
らえて共同学習による問題解決の自主的学習が本体」であるとしている。最
後の「五」は、「青年学級運営成否の鍵は青年の自主的参加が第一条件であ
る」という認識から、「運営委員会」に「青年の代表七割程度を参加させ」
ることを提言したものである。

　このような県教委の方針の提示にもかかわらず、岐阜県の青年学級はこの
頃から停滞ないし後退していく。青年学級開設市町村は1953年度に100％に
達し、開設学級数は1954年度に590学級でピークに達する。しかし、開設学
級数は1955年度以降停滞から後退していく。学級生数で見ると、1951年度
の4万7,737人でピークに達し、1952年度以降は後退していく。市町村に対
し1951年度から県費補助が、1953年度からは国費補助が開始され、また青
年学級開設にかかる市町村費総額も1953年度にピークに達する中で、岐阜
県内の青年学級は停滞から後退に向かったのである[12]。

7. 地域青年学級の衰退と職種・職域青年学級の展開

　岐阜県の青年学級が停滞から後退に向かっていく事態の中で、県教委は、青年学級振興のため、職種・職域青年学級の開設を奨励していくこととなる。例えば、1954年度版『岐阜県の教育』（岐阜県教育委員会）の「青年学級の振興」の項では、「職場青年学級の開設」が必要なことが述べられていた。そこでは、定時制高校や青年学級に就学していない勤労青年が「非常に多く」いるが、彼等は「工場等に勤務し青年学級に通う時間的余裕をもたぬもの」であるとして、「職場そのところで行う職場学級開設こそこの問題の解決点である」と言い、その上で「本年は事業主の理解援助を得て一歩でもこれを前進してみたいと思っている」とされていた。また、1956年度版『社会教育計画』（岐阜県教育委員会）は、青年学級についての「重点目標」のひとつとして、「職種別職域別学級の育成指導」を挙げている。さらに1959年度版『社会教育計画』でも、青年学級についての「重点目標」のひとつとして、「職業に役立ち、生活を楽しむ学習をすすめるために、職種、職域学級の開設を奨励する」が挙げられていた。1953年頃をピークに停滞ないし後退しつつあった青年学級に対し、県教委は職種・職域青年学級にひとつの活路を見いだし、1950年代後半以降はその開設を積極的に奨励していたことがうかがえる。

　県教委が発行する『岐阜県教育広報第一二号』（1958年8月）に、「青年学級の現状　青年学級振興法制定五周年を迎える」と題する記事が掲載されている。この記事の中で「職種、職域青年学級の現状」が報告されており、そこでは「都市および都市周辺を中心に商業青年学級、工業青年学級、工場青年学級が増加し、本年度十四学級が開設されている」と記述されている。都市部に商業や工業といった特定の科目の実業教育・職業教育に重点を置いた職種青年学級が、また特定の事業所あるいは小事業所群の青年従業者を対象とした職域青年学級が開設されつつあり、1958年度には県内で合計14学級

が開設されているというのである。1960年度には、この職種・職域青年学級が28学級（一般青年学級は315）開設されている。県教委の奨励もあり、職種・職域青年学級の開設が進んでいたことがうかがえる[13]。この職種・職域青年学級は、1959年度版以降の『岐阜県の教育』や『社会教育計画』では「職場職域青年学級」に用語が変更されるが、1959年度以降は、それらにおいて、職場職域青年学級の開設・拡充が青年学級に関する「具体的目標」や「施策」のひとつとして毎年度取り上げられ、それが1968年度まで続くことになる。この点からすれば、職種・職域（職場職域）青年学級の開設奨励は、1950年代後半以降の青年学級振興施策の重要な柱であったと言える。

8．職種・職域青年学級の活動

　それでは職種・職域青年学級はどのように開設され運営されていたのであろうか。ここでは1955年度から開設された「高山市商工青年学級」の開設に至るまでの経緯と開設後の推移、そして1962年度の運営の状況を概観することで、職種・職域青年学級の実態を見ることとする[14]。

　高山市において、青年学級は小学校区別に1950年度から開設された。しかし、小学校区別に開設されたことで多様な職業を持つ学級生が受講することになり、青年学級教育の重点が定まらないまま1955年度までに自然消滅してしまう。青年従業者を多く抱える商工業界は青年学級消滅を危惧し、市商工会議所が中心となり、市教委・市商工課・県工芸試験所・県林業試験所等の協力により「高山市青少年商工業教育振興会」を設立し、その後援を受けて市教委が職業教育を重視した「高山市商工青年学級」を開設する。

　こうして発足した市商工青年学級であったが、次第に学級生の職業が多様になってきたこともあって、職業教育については学級生が職業・職場に応じて活動するクラブ活動として行い、「学級全体の動きとしては仲間づくりによる一般教養学習中心」に運営する「教養（共同）学習への移行」が1959、

60年度に生じる[15]。しかし、学級生がグループに別れてクラブ活動として実施するのでは職業教育は低調とならざるを得ず、1961年度には「入級生を職業的に限定」し、「職業コースと一般教養学習の（クラス）かみ合せを図る」「職業教育へ」の動きが再び生じることになる。しかし1962年度には、前年度の活動について、「職業教育を重視したが技能教育的な面多く、学級生の実際生活に結びつきが薄く青年学級での学習が青年交流へと向かう学習がなされなかった」との反省の上に、「職業技能オンリーから人間形成へ」の方向に軌道修正がなされた。

　高山市商工青年学級は地域（校区別）青年学級が消滅した後に、商工分野の職業教育を重視した職種別青年学級として発足したと言える。しかし、その後職業教育と一般教養教育の比重の置き方をめぐる曲折をへて、1962年度には「職業技能オンリーから人間形成へ」という一般教養教育を重視した方向に落ち着いたのである。そこには、「これまでの職業教育は『知識・技能の習得』ということだけに終わって」おり、「働く人間の問題が忘れられていないだろうか」という反省が働いたという。市青少年商工業教育振興会の構成員に木工協同組合と商店街発展会が入っており、木工場や商店の青年従業者が学級生に多かったことから、商業と工業を柱とした職種別青年学級として開設されたとは言え、その職業教育を単なる「知識・技能の習得」に終わらせずに、学級生同士の「交流」を核とした一般教養学習や各種活動を通じて、「人間形成」を目指そうとする運営がなされていたのである。

　それゆえ、1962年度の市商工青年学級の学習時間総数202時間（１日夜間２時間開講）のうち、木工または商業の「職業講座」は48時間にとどまる。「一般教養コース」110時間、「自治活動」44時間と比べても、職業教育の比重が重いわけではない。教科木工は「樹木」「木材の瑕瑾」「木材の物理的性質」「木材の処理」「木材の保存」「木材の識別及び選択」「木材の規格」「主要木材表」からなり、県林業試験所、製材工場、乾燥工場等の見学も行われた。教科商業は、「販売・サービス」と「簿記」からなっており、商店見学も行われた。学級生は、教科木工と教科商業のどちらかを選択して履修する。

「一般教養コース」は、前期と後期を通して学習する「職場会」「親子会」「郷土教室」「労働教室」「時事問題」「体育レク」と、後期に開講される「読書コース」「文章コース（生活記録コース）」からなっている。学級生は「一般教養コース」を、前期は4クラスに分かれ（2クラス「合同学習」もある）、後期は2クラス・2コースに分かれて（2クラス・2コース「合同学習」もある）履修した。各職場で「よい職場、よい働き手になるには」などの問題を話し合う「職場会」、また、「商工青級PTA」の協力を得て「余暇」「男女交際」「生活習慣」などの問題を話し合う形で実施された「親子会」が開催されたことは、木工や商業の職業教育を、学級生が働く木工場や商店の生活実態と結びつけようとするねらいがあったものと思われる。さらに、「郷土教室」では高山市の産業・観光の学習が行われている。「一般教養コース」の学習によって、職業教育を「知識・技能の習得」に終わらせず、市の産業・観光の将来の担い手にふさわしい「人間形成」に繋げようとする意図が明確に打ち出されていたのである。

　職種・職域青年学級も、青年学級振興法に規定されているように、「実際生活に必要な職業または家事に関する知識及び技能を習得させ、並びにその一般的教養を向上させることを目的として」開設されており、実業教育・職業教育だけを行うものではなかった。「昭和三六年度開設予定の職場職域青年学級一覧表」（岐阜県教育委員会）の「学習内容」を見ても、特定の職種あるいは事業所（群）に対応した科目は少なく、一般的教養に関する科目が多い。例えば、羽島市の紡績・織物・毛織の工場の女性青年従業員を対象として、事業所単位に開設された職域青年学級は、「社会、時事、音楽、料理、茶華道、和洋裁、織物学」を各学級共通の「学習内容」としていた。女性青年従業員が学級生であるという実情があるにしても、職業教育に関する科目は「織物学」だけである。職種・職域青年学級は、特定の職種や事業所（群）を前提として開設されているだけに、職業・家事に関する職業教育と一般教養向上のための一般教養教育をどのようにバランスよく編成するのかに悩まざるを得ないところがあった。高山市商工青年学級の開設以来の曲折もそこ

に起因していたと言えよう。

9. 職種・職域青年学級の動向

　前述したように、県教委の開設奨励の施策を背景に、職種・職域青年学級は1960年頃までは開設学級数を増加させていた。その後はどのように推移したであろうか。紡績・毛織物等繊維産業の工場が数多く立地し、その女性青年従業員を対象に職域青年学級が開設されていた羽島市の状況を、『羽島市制二十年史』（1976年）及び前述の「昭和三六年度開設予定の職場職域青年学級一覧表」から見てみよう。1956年度の羽島市の青年学級開設数は16であった。そのうち、小学校区で開設されていた地域青年学級は12、事業所単位で開設されていた職域青年学級は4であった。1961年度開設の「職場職域青年学級」の数は16であった。1962年度の羽島市の青年学級開設数は24、そのうち地域青年学級は11、職種・職域青年学級は13であった。なお、これら13青年学級の「実施機関」は、4学級が小学校区に設置された「地区公民館」となっており、その他9学級は「中央公民館」であった。「開設場所」ついては、職種青年学級である「商店街青年学級」が「中央公民館」であるのを除き、他の12学級はすべて「会社教養室」とされている。そして、1964年度の青年学級開設数は26、うち地域青年学級11、職種・職域青年学級15であった。1969年度の青年学級開設数は、職種・職域青年学級が2つだけである。

　このように見てくると、職種・職域青年学級は1950年代中頃から増加し、1960年代前半をピークに、その後は減少に転じたことがうかがえる。職種・職域青年学級も1960年代の終わりにはその役割を終えることになったと言えよう。

10. 小 括

　敗戦後の岐阜県内における青年学級は、戦争と敗戦の結果もたらされた混沌の中で花開き、その多くは、その後、1960年代の終わりには終息していくこととなった。その歴史的な生成・終焉過程においては、「地域の年齢網羅型の青年学級から職種・職域青年学級への移行」と「職業教育と一般教養教育の比重の置き方をめぐる曲折」が生起していた。

　青年学級の終焉は、社会教育を勤労青年を中心に捉えようとする方向を問い直すものであったと言える。戦前から戦後にかけての日本の社会教育は、勤労青年を主要な対象としてきたが、そこには学校教育を中心に考える教育観が働いていた。社会教育はあくまでも学校教育を補完・補充するものであるという発想が根強かったのである。しかし、学校教育の急激な拡大が進展していくと、学校教育の機会に充分恵まれなかった勤労青年を中心に捉えようとする日本の社会教育における青年教育の方向そのものが問い直されることになり、青年学級もその終焉を迎えることになった。

　とは言え、そこには、日常生活とは切り離された観念的な知識を取り入れることに主眼が置かれたそれまでの学習のあり方を脱し、自分たちの身近な生活の中から共通する課題を取り上げようとする、新しい学習の方向が示されていた。また、講壇からの一方通行的な教授による学習にとどまらず、グループ内部で相互に経験や考え方を交流させることで問題解決の糸口をつかもうとする、学習の新たな方法も示されていた。戦後の解放的な社会状況の下で、青年の生活要求に基づいた集団的な学習活動が盛り上がり、日本の社会教育の新しい時代が切り拓かれたと言えよう。

第7章　戦後初期岐阜県における青年学級の動向　*133*

【注】

1）宮原誠一「社会教育の本質」同編『社会教育』光文社、1950年、小川利夫『青年期教育の思想と構造』勁草書房、1978年等を参照。

2）以上、年度毎にまとめられている『県青年連絡協議会会議議事録』、「高山市青年学級研究会開催要項」（昭和25年、高山市教委）を参照。

3）以上、年度毎にまとめられている『岐阜県の教育』（岐阜県教育委員会）等を参照。

4）『昭和25年度岐阜県議会議事録』を参照。

5）「緊急郡市青年団長会開催要項」（昭和25年、岐阜県教育委員会）。

6）「吉城郡国府村青年学級開設要項」（昭和25年、国府村）。

7）「吉城郡国府村青年学級教科一覧」（昭和25年、国府村）。

8）前掲、「吉城郡国府村青年学級開設要項」。

9）「上之保村川合青年学級経営大要」（昭和28年2月15日　上之保村教委）を参照。

10）1950年度版、1953年度版『岐阜県の教育』。

11）「青年学級振興法施行に伴う県教委方針」（岐阜県教育委員会）。

12）以上、各年度版『岐阜県の教育』を参照。

13）同前。

14）「高山市商工青年学級開設要項」（昭和30年、高山市教委）及び「高山市商工青年学級運営状況」（昭和37年度、高山市教委）を参照。

15）以下、毎年度発行の「高山市商工青年学級運営状況」を参照。

第8章
戦後初期岐阜県における婦人学級の動向

はじめに

　戦後日本の婦人教育は、母親学級（婦人学級）による家庭教育振興と婦人組織の育成・助長を中心に開始されたといわれている[1]。しかしながら、母親学級については、その旧態依然とした学習内容を理由に、ＧＨＱ（連合国軍最高司令官総司令部）から中止が命ぜられ（1946年度）、婦人組織の育成・助長施策も、ＧＨＱの意向により頓挫せざるを得なくなり、国（中央）レベルにおける婦人教育施策は、完全に「空白」となっていく[2]。

　ところが、一方で、千野陽一「戦後婦人教育の展開」（羽仁説子・小川利夫編『現代婦人問題講座5　婦人の学習・教育』亜紀書房、1970年）によると、国（中央）レベルの婦人教育施策の「空白」にもかかわらず、地域・自治体レベルにおいては、各種婦人学級や「民主的団体」としての地域婦人組織づくりが進められ、婦人教育は積極的に展開されていたと指摘されている[3]。

　このうち、地域・自治体レベルにおける戦後の母親学級の開始から両親学級への再編、さらには社会学級への統合（1947年10月）に至る各種婦人学級の展開については、伊藤めぐみ「岐阜県占領期婦人教育の展開」（名古屋大学社会教育研究室『社会教育研究年報』第7号、1988年）において、岐阜

県を事例としてその実態が一定程度明らかにされている[4]。しかしながら、地域・自治体レベルにおける地域婦人組織づくりの動向については、従来の研究においてその実態が必ずしも明らかにされているとはいいがたい。

そこで、本章は、敗戦から1950年代の岐阜県内の事例を中心に、筆者の管見に入った史料に基づいて、地域・自治体レベルにおける地域婦人組織の再編・発展と活動の模索の動向について明らかにすることを目的とする。こうした地域婦人組織の再編・発展と活動の模索の動きの実態分析があってはじめて、戦後岐阜県における婦人教育の実態の総合的かつ正当な把握が可能になるといえるからである。加えて、こうした研究が、従来の研究では追求が手薄であるといわざるを得ない地域・自治体レベルにおける地域婦人組織の組織化・再編の実態の典型事例を示し、地域・自治体レベルにおいて展開された婦人教育の歴史的性格の把握にも接近しうることを可能にすると考えられるからである。

1．地域婦人組織の再編の動き

文部省は、1945年11月、戦後における婦人教育の重要性の観点から、「婦人教養施設ノ育成強化ニ関スル件」の通牒を発し、それに添付された「婦人教養施設設置要領」に基づき新たな地域婦人組織の育成・助長に乗り出した。

その通牒では、新たに結成されるべき地域婦人組織については、「従来ノ所謂官製ノ或ハ軍国主義的ノ色彩ヲ一擲シタル郷土的施設トシテ其ノ特色ヲ発揮セシムルヲ目途トスルモノニ有之此際全面的一体ノ組織ヲスルモノニハ無之」として、戦前の婦人組織とは異なるものであることを強調した。その上で、設置要領では、その設置の趣旨について、「我ガ国伝統ノ婦徳ヲ涵養スルト共ニ道義ノ昂揚ト教養ノ向上トヲ図リ以テ国家ノ再建ニ邁進シ世界平和ニ寄与スベキ婦人ノ育成ヲ目途トシ地域ニ基盤ヲ置キ隣保協和ヲ基調トスル自主的教養訓練機関タラシメル」と述べ、地域を基盤とした「自主的教養訓

練機関」の結成を図るものだとする。それゆえ、その運営については、「婦人ノ自発活動ト其ノ共励切磋トニ依リ運営シ郷土ノ振興上必要ナル事項及新日本文化建設ノ為緊切ナル事項ヲ実施シテ」として、婦人の「自発活動」に基づき「郷土ノ振興」などに関わる事業の実施が期待されるとする。具体的には、地域婦人組織は、「社会生活訓練」「公民教育ノ振興」「科学知識ノ普及」「生活ノ刷新」「家庭教育ノ振興」「体位ノ向上」などを通じた「婦人教養訓練機関」であるべきだとする。そして、組織については「成ル可ク国民学校通学区域ヲ単位トシテ設置スルコト」とされた。さらに、市町村に複数の「施設」が設置される場合には、「必要ニ応ジソノ連合体ヲ作リ得ルコト」としながらも、「郡市都道府県並ニ全国的ノ連合体ハコノ際之ヲ企図セズ今後ノ推移ニ委スコト」と述べ、郡市、県、国の段階の連合体結成については、戦前の婦人団体への反省から、慎重な姿勢を示していた。

この通牒及び設置要領を受け、1946年2月には、岐阜県も地方事務所長を通じて市町村長、国民学校長、青年学校所長宛に「社会教育振興ニ関スル件」の通牒を発し、その中の「社会教育機関ノ設置勧奨並ニ育成ニ関スル事項」において、「婦人教養団体」の「設置勧奨並ニ育成推進ニ当タルコト」を市町村及び学校教職員に求めた。

２．地域婦人会の組織化

1945年11月の文部省通牒と設置要領、さらには1946年2月の岐阜県通牒により、岐阜県下各地で地域婦人会が新たに結成されていった。

郡上郡北濃村（白鳥町を経て現郡上市）では、1946年4月19日に「北濃独立婦人委員会」を開き「北濃婦人会」結成の準備に入る。6つの部落で部落会を開き、そこで同時に母親学級を開催して、それを婦人会の班の総会とすることを決める。そして、4月25日には「北濃婦人会総会」が開かれ、役員の選出と年度事業計画の決定などを行い、「北濃婦人会」が発足してい

る。なお「郡上郡連合婦人会」の結成は、翌1947年3月であったという[5]。

　吉城郡河合村（現飛騨市）角川地区では、1946年3月に、「角川婦人会」
が結成されている。同月6日の発会式では「角川婦人会々則」が定められる
と共に、役員の選出と活動計画の協議などを行っている。そして、1948年6
月には、吉城郡連合婦人会の結成を受け、「河合村連合婦人会」が結成され
ている。村連合婦人会は「村内校下婦人会」の連合体として結成されてい
る[6]。

　岐阜市においても、1945年11月の梅林地区の校下婦人会の結成を皮切り
に、国民学校校下で婦人会の結成が進み、1946年4月という早い時期に、
「岐阜市婦人会連合会」が20校下婦人会によって結成される[7]。

　そして、この岐阜市婦人会連合会が中心となり、1947年4月には、「岐阜
県連合婦人会」が、「郡市連合婦人会」を構成単位として結成される。この
県連合婦人会は、「教養部—婦人の教養向上に関する事項」「家庭部—家庭
生活の改善刷新に関する事項」「社会部−社会生活刷新改善に関する事項」
の3部において、「昭和二十二年度婦人会の研究目標と申合わせ実施事項」
を定め、婦人会活動の推進を図っている。また、「廿二年度婦人学級指定研
究発表会」「憲法講話会」「幹部講習会」「研究発表会、展覧会」（それぞれ郡
市単位に県下22か所）の行事実施を1947年度に計画し、活動を開始してい
る[8]。

　こうして、1947年度頃に地域婦人会の結成が急速に進み、郡市連合婦人会
から県連合婦人会への組織の整備も進められた。1948年度版『岐阜県の教
育』[9]においては、「婦人団体」の現状が報告される中で、「最もめざましい
ものは、町村に基盤を持つ地域婦人団体であって、すでに県下各町村に結成
され、その数は三五六、会員数は約二十五万人である」と指摘されている。
それ以降、1949年度版では「単位体数三六四、会員約二十万人」、1950年度
版では「二二郡市連合会・三六八単位婦人会・会員数約二十五万人」、1951
年度版では「会員数約二十五万人、県連合会−一、郡市連合会−二十三」、
1952年度版では会員数「約二三万人」と報告されている。1950年頃までには

各郡市で連合婦人会が組織され、単位婦人会の結成もほぼ終わったものと思われる。

3. 「民主的団体」としての婦人会

　婦人会組織の整備が進められる中、1948年4月に岐阜軍政部教育課補佐官として着任したデーヴィス[10]により、婦人会の組織と活動のあり方に対して、指導・勧告が行われる。

　同年3月分の「教育課活動報告」の中で、「民間教育担当官は全県規模の集会と4つの郡段階での継続集会に参加し、『関心を中心とした』団体と、積極的な指導性を発展させる機会を活性化し提供するために役員の任期を短くすることの好ましさを強調した」としていたように、岐阜軍政部教育課は、婦人会の組織と運営に「関心を中心とした」団体の活動を導入することと、役員の任期を短くすることを勧めていた[11]。こうした軍政教育課の方針をふまえ、デーヴィスは、書翰を通じて、「地方団体指導者」にその方針を周知徹底しようとした。これを受け、県は、地方事務所長を経て町村長、学校長、婦人会長、青年団長宛に1948年4月13日付で通達を出している。そこに記されたデーヴィスの書翰では、当時県下各地で婦人会組織を基盤に開設されていた婦人学級の活動を評価しながらも、婦人学級が「同好者による婦人クラブの組織」にまでは成っていないとして、裁縫・音楽・図書・生花・職業婦人・自然科学研究などの「婦人クラブ」設立が奨励されなければならないとした。つまり、「指定された一区画や市または町の一部分に住む人のみに限られ」組織された地域婦人会とは独立した、「部落制（地理的な境界）を無視し同時に共通の興味に基礎をおいて構成する」「クラブ」が設立されるべきだというのである[12]。

　さらに、1949年9月7日の県教育民生部教学課でのデーヴィスを囲む課内会議の席で、デーヴィスから県連合婦人会の「部制は、県から郡市町村まで、

型のように統一され」ており、それは「昔の上意下達の非民主的組織である」と指摘され、「強硬な態度で改めるよう指示」されたという[13]。しかし、県連合婦人会の幹部は、「部制の中にクラブ活動を奨励し、婦人の自主的活動を育成し、民主的な団体に進みつつあるとして、すこしもひるまず抵抗」し続けたため、岐阜県教育民生部教学課の婦人教育担当者は責任をとって転出することになったという[14]。当時の婦人会の組織が、地域共同体＝ムラ社会の一定の年齢と性をもつ住民をぐるみ的・網羅的に組織しようとする地縁集団としての性格を持っていたのに対して、共通の目的や関心を持つ人びとがそれを達成するために自発的に結集するボランタリー・アソシエーション（自発的結社）をモデルとした「民主的団体」の組織原理を対置し、婦人会の組織と運営を「民主的団体」に近づけようとするねらいが、デーヴィスの「クラブ」設立の奨励の中にはあったものと思われる。そうした地域婦人組織民主化の観点から、岐阜軍政部教育課からの指導・勧告がなされることになったのだといえよう。

4．地域婦人会の問題点・課題

　昭和20年代前半に組織化を進めてきた婦人会も、1955年前後から『岐阜県の教育』や『社会教育計画　岐阜県教育委員会』などで、その組織や運営・活動について多くの問題・課題があることが指摘されるようになる。

　『岐阜県教育委員会月報第六八号　社会教育特集号』（1954年11月）に掲載された「三つの団体と成人教育」の記事には、婦人会の組織と運営・活動の問題・課題が調査に基づいて指摘されている。そこでは、「婦人会の県連・郡市連は、分担金が多すぎる割合に受ける利益が少ない」といった組織にかかわる問題、「役員の重任をさけよ」「役員だけの婦人会にならぬ様に」「役員のボス化・固定化をしない様に」「他より利用される団体であってはならない」「資金獲得のための事業（物品販売など）を多くしない様に」「生活

改善などは県下全体の問題として打出してほしい」といった運営・活動に関わる問題を、関係者の声を紹介する形で指摘している。その上で、「他律的な婦人団体から、あくまでも自律的な婦人団体に転換する」「県婦連の組織、機構を整備し、地域団体の促進を図る」「経費の面でもっと自主性の確立を考える」「団体活動の内容（プログラム）の貧困と、マンネリズム化（前年度行事の踏襲型、羅列的行事にならない様に）、もっと足下をみつめて、地についた活動が必要である」などの課題が提示される。そして、「本年度特に展開しようとする婦人教育の重点」として、「新しい婦人像の確立」「家庭生活、社会生活の近代的改造、新生活運動の協力展開」「婦人団体の自主的活動の助長」を挙げ、県教育委員会としての婦人会・婦人団体の活動を通じた婦人教育の方向を示している。1956、57、58年度版『社会教育計画　岐阜県教育委員会』でも、『教育委員会月報第六八号』と同様の観点に立った問題の指摘が、「婦人教育」あるいは「婦人団体」についてなされている。1958年度版『社会教育計画　岐阜県教育委員会』では、さらに、「団体活動が、奉仕的行事に偏し、団体員の生活に直接福祉となる内容が少ない向きもある」との指摘がなされている。

　1955年前後にみられた婦人会活動の問題・課題の指摘をふまえ、岐阜県連合婦人会は、1955年4月10日の総会で、規約の改正と「岐阜県地域婦人団体連絡協議会」への改称を決めている[15]。なお、この改称については、1955年度版『岐阜県の教育』で、「岐阜県連合婦人会が時代の流れにそって発展的解消をし、岐阜県地域婦人団体連絡協議会として新発足した」とされている。「岐阜県連合婦人会」から「岐阜県地域婦人団体連絡協議会」への改称については、「岐阜県連合婦人会」の「改称」であったのか「発展的解消」であったのか不明であるが、「岐阜県地域婦人団体連絡協議会」は、1963年4月10日に、再度「岐阜県連合婦人会」に改称している[16]。

5．婦人会組織の停滞

　さて、婦人会の組織と運営・活動について指摘される問題・課題に対し、県教育委員会は、婦人学級の開設の奨励と婦人団体指導者講習会の開催による指導者養成、さらには1955年度以降の「社会教育目標」「社会教育推進方策」「社会教育重点目標」などに位置づけられて1959年度まで続けられた「新生活運動」推進[17]などの施策によって対応しようとした。

　しかしながら、婦人学級などの開設が進み、その活動が活発化する一方で、地域婦人会組織は停滞する。『社会と教育　№17　社会教育研究大会資料　岐阜県教育委員会（昭和三六年一二月）』に掲載された「婦人団体の現状と問題点」では、1960年度の単位団体数398、会員数17万8,720人であったと記載されている。『岐阜県教育委員会月報第六八号』では、1954年8月1日時点で、「団体数三五三、会員数一八万五千人」と報告されていたから、単位団体数は増加したものの、会員数は若干減少しており、婦人会組織が昭和30年代前半には停滞していたことがうかがわれる。

　1963年度以降の『岐阜県の教育』には、1962年度からの県地域婦人団体連絡協議会あるいは県連合婦人会の組織の現状が報告されている。それによれば、1962年度の「団体数三九八、会員数一八三、〇〇〇人」、1963年度の「団体数三九五、会員数一五七、〇〇〇人」とされている。1965年度版『岐阜県の教育』では、「団体数四一一、会員数一二八、〇〇〇人」、1966年度版では「団体数五七〇、会員数一四四、〇〇〇人」とされている。1967年度版以降1969年度版までは、会員数だけの報告となるが、それぞれ「一四四、一〇〇人」「一四三、六一〇人」「一四三、六一〇人」とされている。1962年度に会員数が一時的に増加するものの、1963年度から1969年度までは15万人から14万人の水準で推移しており、昭和30年代後半から40年代前半は単位団体数で増加しながら、会員数で後退ないし停滞する傾向にあったといえよう。

『社会と教育　No.17』に掲載された「婦人団体の現状と問題点」は、各郡市連合会が実施している行事の現状を集計して列挙している。それによれば、「各婦人団体」は、「幹部（指導者）研修会」「各種講習会」「レク講習会」といった婦人会の指導者養成の場をもつほか、「新生活研究会」「婦人学級研究会」といった婦人会活動の具体的内容にかかわる研究会、「各種研究発表会」「婦人の生活展、美術展」といった婦人会の研究や日常活動の発表会、「市議会見学政治講座」「公明選挙」といった公民教育・政治意識高揚にかかわる学習や運動、「講演会」「視察見学」「商店主、農協、青年、母子などと語る会」といった学習機会の設定、「体育行事（体育大会、バレーボール、キャンプ）」といった体育・スポーツの活動機会の設定、「敬老会」「各種行事への協力」「各種募金の協力」といった社会奉仕・貢献活動、さらには「貯蓄増強」といった社会運動への協力など、実に多彩な行事を実施していた。各郡市連合会への調査に基づく分析であったため、指導者養成や研究会に関わる行事が数として多かったが、婦人会の活動範囲の広さがうかがわれる。

こうした活動範囲の広さは、『社会と教育　No.17』によると、婦人会が次のような広範な「一般的目標」を掲げていたことによるという。

① 個々の婦人の教養を高める。

② 地域社会における課題の発見と解決（明るい住みよい地域社会の建設）。

③ 会員相互の親睦と健全レクリエーションの普及。

会員個々人、会員相互、そして地域社会といった３つの水準にかかわる、広範ではあるが明確な目標が掲げられている。このような「一般的目標」を実現すべく、広範囲にわたる行事が計画されていたのである。しかしながら、単位団体の会員が婦人会に「魅力」を感じられず「会員意識」も低いのが実情だという。とすれば、「長期的」な「一般的目標」を達成するための「手段」ともいうべき「短期的」な「地域的具体的な目標」を、どのように立てていくのかが問われることになるという。そうした「短期的目標」に沿った行事や活動を展開することで、会員の婦人会への帰属意識をいかに高めるか

が課題となる。「目に見えること（直接効果のあること）はよろこばれる。
（例、子供のしつけ、料理講習など）」「婦人会への出席が家庭から解放され
る唯一の場であることがある。従って慰安や娯楽の行事が喜ばれる」といっ
た、「会員たちの気持ち」をふまえた、婦人会の行事や活動の見直しが求め
られているというのである。

　このような婦人会活動の捉え方から、1965年度版『社会教育計画　岐阜県
教育委員会』における「婦人団体」の項では、「会員の実生活に即した切実
な問題を中心にして活動内容を刷新する」という指導の方向性が、社会教育
行政の側から打ち出されることになる。昭和30年代後半以降の婦人会組織
の後退ないし停滞状況の下で、婦人会はその活動の見直しを迫られることに
なったのである。1956年4月の県婦人団体連絡協議会総会で決議されて以来
の課題であった婦人会館の建設を、1961年12月に実現させ、さらに1965年6
月には会館増設を達成するとともに、同年10月に「財団法人岐阜県婦人会
館」を設立するなど、県婦人団体連絡協議会（1963年度以降は、県連合婦人
会）は活動拠点施設の建設事業を成功させながらも[18]、会員の組織への求
心力をいかに高めていくかという新たな課題に直面したのである。

6．岐阜県内地域婦人会の活動

　それでは、婦人たちは婦人会においてどのような活動を進めていたのであ
ろうか。『恵那郡明智町婦人会記録簿　昭和三十一年度（綴）』によると、恵
那郡明智町（現恵那市）においては、次のような活動が展開されていた[19]。
　・出席督励・時間の励行（婦人会の日の決定、時計購入）
　・衛生管理（水屋の管理）
　・台所改善（かまど改良）
　・節約（御祝い事自粛運動、貯金奨励運動）
　・和洋裁講習

・生け花講習

・園芸講習

・料理講習

　こうした婦人会の活動内容については、当時の婦人会役員によって、次のような「まとめ」がなされている[20]。

　　　「会では、和洋裁、生け花、園芸、料理の講習会を開催し好評、婦人が修養を積むのに役だった。古い慣習の中で、女は苦労が多くて、お客さんが来る時も、女は台所でかまどを行ったり来たりと、労苦を少しでも減らすため、立って炊事ができるかまどを改良して、女の苦労を減らした。古い慣習の中で、集会に出席するのも気兼ねがあってなかなか家を出られないので、月の一日と十五日を婦人会の日と決め、旦那や姑に気兼ねなく参加できるようにした。貧しい時であるので、御祝いを自粛して無駄を省き、貯金を奨励した」。

　このように、明智町婦人会においては、経済的に苦しかった当時の社会状況の中で、家庭・地域における身近で切実な課題をテーマとした活動が進められた。家庭・地域における当時の婦人たちの置かれた立場にも配慮しながら、「婦人の労働負担の軽減」「婦人の修養」を目的・目標とした取組みを中心に活動が展開された点は、注目に値する。

おわりに

　本章では、地域・自治体レベルにおける地域婦人組織の育成・助長の動きの実態について、岐阜県を事例としながら、その素描を試みた。最後に、改めて、戦後岐阜県における婦人組織の再編・発展と活動の模索の実態について言及して、結語に代えたい。

　岐阜県においては、1947年度頃に地域婦人会の結成が急速に進み、郡市連合婦人会から県連合婦人会への組織の整備も進められ、1950年頃までには各

郡市で連合婦人会が組織され、単位婦人会の結成もほぼ終わった。

　このように婦人会組織の整備が進められる中、1948年4月に岐阜軍政部教育課補佐官として着任したデーヴィスにより、婦人会の組織と活動のあり方に対して、指導・勧告が行われる。その内容は、当時の婦人会の組織が、地域共同体＝ムラ社会の一定の年齢と性をもつ住民をぐるみ的・網羅的に組織しようとする地縁集団としての性格を持っていたのに対して、共通の目的や関心を持つ人びとがそれを達成するために自発的に結集するボランタリー・アソシエーション（自発的結社）をモデルとした「民主的団体」の組織原理を対置し、婦人会の組織と運営を「民主的団体」に近づけようとするものであった。

　こうして昭和20年代前半に組織化を進めてきた婦人会も、1955年前後から、その組織や運営・活動について多くの問題・課題があることが指摘されるようになる。例えば、「分担金が多すぎる割合に受ける利益が少ない」といった組織にかかわる問題、「役員の重任をさけよ」「役員だけの婦人会にならぬ様に」「役員のボス化・固定化をしない様に」「他より利用される団体であってはならない」「資金獲得のための事業（物品販売など）を多くしない様に」「生活改善などは県下全体の問題として打出してほしい」といった運営・活動に関わる問題である。

　こうした問題・課題に対し、県教育委員会は、婦人学級の開設の奨励と婦人団体指導者講習会の開催による指導者養成、さらには1955年度以降の「社会教育目標」「社会教育推進方策」「社会教育重点目標」などに位置づけられて1959年度まで続けられた「新生活運動」推進などの施策によって対応しようとした。

　しかしながら、婦人学級などの開設が進み、その活動が活発化する一方で、地域婦人会組織は停滞する。昭和30年代後半から40年代前半は単位団体数で増加しながら、会員数で後退ないし停滞することになったのである。

　昭和30年代後半以降の婦人会組織の後退ないし停滞状況の下で、会員の組織への求心力をいかに高めていくかという新たな課題に直面した婦人会

は、その活動の見直しを迫られることとなり、県教育委員会からは、「会員の実生活に即した切実な問題を中心にして活動内容を刷新する」という指導の方向性が打ち出されることになるのである。

　このような中、地域婦人会においては、家庭・地域の身近で切実な課題を取り上げた活動が進められた。家庭・地域における当時の婦人たちの置かれた立場にも配慮しながら、「婦人の労働負担の軽減」「婦人の修養」を目的・目標とした取組みを中心に活動が展開されていた。

【注】
1）西村由美子「戦後婦人教育の成立」（室俊司編『婦人問題と教育』東洋館出版社、1982年）、伊藤めぐみ「ＣＩＥ教育課の婦人教育政策」（小川利夫・新海英行編『ＧＨＱの社会教育政策』大空社、1990年）、井上恵美子「アメリカ対日教育使節団報告書と占領軍社会教育政策の形成」（同前『ＧＨＱの社会教育政策』）、上村千賀子「終戦直後における婦人教育」（『婦人教育情報』第14号、1986年）、上村千賀子「昭和20年代の婦人教育」（『婦人教育情報』第18号、1988年）、上村千賀子「占領期における婦人教育政策」（『日本社会教育学会紀要』No.28、1992年）等を参照。
2）同前。
3）千野陽一「戦後婦人教育の展開」、pp.185-195。
4）伊藤めぐみ「岐阜県占領期婦人教育の展開」、pp.40-52。
5）北濃婦人会『北濃婦人会関係綴　自昭和二十一年至昭和二十三年』。
6）「吉城郡河合村角川婦人会々則」及び角川婦人会『角川婦人会綴』。
7）岐阜市婦人会連合会『岐阜市婦人会綴り』。
8）「岐阜県連合婦人会の運営について県連合婦人会長依頼」及び『自昭和二十二年至二十四年　学事宮村役場（綴）』。
9）本書は、岐阜県教育委員会が発足するにあたり、それを記念して、県教育委員会事務局が編集したものであり、以降、毎年度編集されている。
10）Davis,W.A. 岐阜軍政部の教育課補佐官（1948年から1949年）。
11）岐阜軍政部教育課「教育課活動報告」1948年3月。
12）「婦人団体の在り方に対する岐阜軍政部デーヴィス女史よりの書翰について飛騨地方事務所長通達」及び『自昭和二十二年至二十四年　学事宮村役場（綴）』。
13）志知正義（1946年12月から10年間、岐阜県教育民生部教学課勤務。青少年係8年、視聴覚係2年勤務。）の証言より（1989年12月1日、名古屋大学教育学部社会教育研究室でインタビュー調査を実施）。

14）同前。

15）「岐阜県連合婦人会の運営について県連合婦人会長依頼」及び『昭和二十一年度以降　諸規定綴　中野方国民学校（綴）』。

16）同前。

17）「新生活運動と社会教育について県教委見解（昭和二八年八月二五日）」。

18）各年度版『岐阜県の教育』を参照。

19）『恵那郡明智町婦人会記録簿　昭和三十一年度（綴）』。

20）「まとめ」（『恵那郡明智町婦人会記録簿　昭和三十一年度（綴）』に収載）。

■著者略歴

益川　浩一（ますかわ　こういち）

　1970年、三重県生まれ。名古屋大学大学院教育学研究科博士（前期）課程修了後、三重県庁に入庁（2001年3月まで、国際課、出納局、中央児童相談所に勤務）。

　2001年4月から、岐阜大学助教授。現在、岐阜大学准教授（総合情報メディアセンター生涯学習システム開発研究部門、大学院教育学研究科）。

　そのほか、現在、岐阜大学地域協学センター副センター長（大学COC事業、併任）、岐阜大学教育推進・学生支援機構キャリア支援部門副部門長（岐阜大学キャリアセンター副センター長、兼務）、岐阜大学研究推進・社会連携機構地域連携部門生涯学習分野長（兼務）、岐阜大学教職大学院講義担当教育職員、岐阜県庁生涯学習・社会教育政策監（環境生活部環境生活政策課地域コミュニティ室、ぎふ地域の絆づくり支援センター、非常勤特別職）、岐阜大学・十六銀行産学連携プロジェクト「くるるセミナー」代表等。

　主な著作に、『生涯学習・社会教育の理念と施策』（単著、大学教育出版、2005年）、『戦後初期公民館の実像』（単著、大学教育出版、2005年）、『戦後岐阜社会教育史研究』（単著、開成出版、2013年）等。

　代表論文として、「法人公民館の設立・運営に関する一考察」（単著、日本教育学会『教育学研究』第78巻第1号、2011年）、「戦後初期愛知県における公民館の設立・運営過程に関する研究」（単著、日本教育学会『教育学研究』第69巻第2号、2002年）、「指定管理者制度導入に伴う自治体出資財団改革の現状と問題点」（単著、日本社会教育学会『日本社会教育学会年報』第53号、2009年）等がある。

現代社会教育・生涯学習の諸相 第Ⅰ巻 歴史編

2015年3月20日　初版第1刷発行

- ■著　　者 ── 益川浩一
- ■発 行 者 ── 佐藤　守
- ■発 行 所 ── 株式会社 **大学教育出版**
　　　　　　　　〒700-0953　岡山市南区西市855-4
　　　　　　　　電話 (086) 244-1268(代)　FAX (086) 246-0294
- ■Ｄ Ｔ Ｐ ── 難波田見子
- ■印刷製本 ── モリモト印刷㈱

© Koichi Masukawa 2015, Printed in Japan

検印省略　　落丁・乱丁本はお取り替えいたします。

本書のコピー・スキャン・デジタル化等の無断複製は著作権法上での例外を除き禁じられています。本書を代行業者等の第三者に依頼してスキャンやデジタル化することは、たとえ個人や家庭内での利用でも著作権法違反です。

ISBN978-4-86429-319-8